GIULIANA TRANQUILINI
& SUSANA ARBEX

SUA MARCA PESSOAL

REVELE SUA AUTENTICIDADE: FORTALEÇA SEU POSICIONAMENTO PROFISSIONAL COM UMA COMUNICAÇÃO AUTÊNTICA E MEMORÁVEL USANDO O MÉTODO FLY®

Literare Books
INTERNATIONAL
BRASIL · EUROPA · USA · JAPÃO

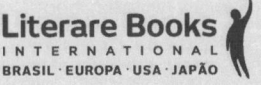

Copyright© 2023 by Literare Books International
Todos os direitos desta edição são reservados à Literare Books International.

Presidente:
Mauricio Sita

Vice-presidente:
Alessandra Ksenhuck

Chief Product Officer:
Julyana Rosa

Diretora de projetos:
Gleide Santos

Capa:
Antônio Belchior Neto

Projeto gráfico e diagramação:
Gabriel Uchima

Infográficos:
Gustavo Comin

Revisão:
Rodrigo Rainho e Ivani Rezende

Chief Sales Officer:
Claudia Pires

Impressão:
Trust

Dados Internacionais de Catalogação na Publicação (CIP)
(eDOC BRASIL, Belo Horizonte/MG)

T772s Tranquilini, Giuliana.
    Sua marca pessoal: revele sua autenticidade: fortaleça seu posicionamento profissional com uma comunicação autêntica e memorável usando o Método Fly*/ Giuliana Tranquilini, Susana Arbex. – São Paulo, SP: Literatura Books International, 2023.
    280 p. : il. ; 16 x 23 cm

   Inclui bibliografia
   ISBN 978-65-5922-617-7

   1. Branding (Marketing). 2. Marca pessoal. 3. Sucesso nos negócios. I. Arbex, Susana. II. Título.
                                                            CDD 658.82

Elaborado por Maurício Amormino Júnior – CRB6/2422

Literare Books International.
Alameda dos Guatás, 102 – Saúde– São Paulo, SP.
CEP 04053-040
Fone: +55 (0**11) 2659-0968
site: www.literarebooks.com.br
e-mail: literare@literarebooks.com.br

DEDICATÓRIAS

Giulia, Lara e Malu, minhas filhas, vocês são minha fonte inesgotável de inspiração, me provocam a estar sempre em movimento, caminhando em busca do meu melhor para vocês.

Minha mãe, Marlene, que me ensinou a nunca desistir, a viver com independência e fé. Sua garra e determinação me inspiram.

Aos meus queridos sogros, os pais que a vida me presenteou, d. Jaqueline e sr. Abdo, que são exemplos de amor incondicional, entrega e doação.

Minhas irmãs Daniela, Roberta e Giovanna por trazerem leveza, amor e alegria para minha vida e com quem sempre poderei contar.

À Su, minha amiga e sócia, pelas madrugadas e trocas incansáveis.

Ale, meu companheiro, meu amor, que está sempre caminhando de mãos dadas me impulsionando a crescer cada dia.

Sem vocês, esta jornada não seria tão divertida e completa!

Giu

Ana Helena, Júlia, Juliana e Ana Carolina – minhas filhas, que me trazem sentido, propósito e alegria – minha vida é incrivelmente melhor por causa de vocês.

Nawal e Alberto, meus pais, que me ensinaram o valor da verdade, da ética e do trabalho incansável.

Beto, meu amado irmão, compadre e melhor amigo nessa vida, que, com a querida Liana, me presenteou com Gustavo, Mariana e Arthur; seus 5 livros que me inspiraram a escrever o meu primeiro.

Giu, minha amiga e sócia, por tudo o que já fizemos juntas e pelo que ainda vamos fazer.

Marcelo, meu amor, companheiro e apoiador – nosso encontro mudou minha vida para sempre e sem você nada disso seria possível.

A cada um de vocês, obrigada pela sorte que tenho de estarem na minha jornada.

Su

AGRADECIMENTOS

A todos os clientes que nos deram a honra de confiar a nós suas jornadas profissionais, seus sonhos e desafios, com quem tanto aprendemos e que nos ajudam, a cada dia, a sermos melhores pessoas.

Carinhoso agradecimento a Alexandre Correia, Cecília Cavazani, Cintia Capasso, Eleonora Lobo Salles Leite, Eugênia del Vigna, Fátima Pessoa, Karina Lima, Maitê Leite, Mariana Lorenzon, Naná Feller, Thiago Coelho e Natasha de Caiado Castro, que nos autorizaram a compartilhar seus conteúdos de Marca Pessoal, e com isso nos ajudam a inspirar mais pessoas a acreditarem no poder de uma marca forte.

Aos clientes, parceiros e especialistas da nossa área que generosamente compartilharam seus depoimentos sobre sua experiência com o nosso Método FLY®, com declarações que não cansamos de ler – e nos emocionar.

Sr. Luiz Seabra, fundador da Natura & Co, empresa com valores sólidos e personalidade singular, com tanta coragem de desafiar o *statu quo* e promover ativamente mudanças positivas na sociedade. A Natura nos uniu, fortaleceu as bases das nossas trajetórias profissionais, e a ela devemos ter conhecido tantas pessoas que transformaram nossas vidas, especialmente nossos maridos e companheiros de jornada, Alexandre Hadade e Marcelo Araujo.

Christiane Pelajo e Daniela Cachich, pela amizade, por generosamente nos "puxarem" e serem uma inspiração para nós e tantas mulheres #umasobeepuxaaoutra.

Adriano Bravo da Petra Group, dr. Fábio Saito e Caio Silva da Galderma e Silvane Castro da Seven, por acreditarem e confiarem no nosso trabalho.

À nossa amiga Tonia Casarin, que generosamente compartilhou sua jornada e nos apresentou => à Dany Sakugawa, que sabe tudo do mundo editorial e nos orientou como desbravar esse caminho, e também nos apresentou => à Dani Folloni, que, com seu talento e paciência inesgotável, nos ajudou a dar a forma e estrutura a este livro.

Stephanie Carnieto e Júlia Brandão, nossas anjas da organização, por seu trabalho árduo e por acreditarem na BetaFly quando era apenas uma ideia.

Flávia Lima, nossa *coach* mais do que parceira, o processo da BetaFly não seria o mesmo sem a sua competência, dedicação e sensibilidade.

Marcus Sulzbacher e Antônio Belchior Neto, que com seu talento celestial nos presentearam com a logomarca e a capa mais lindas que poderíamos sonhar.

Regina Carvalho e seu time da Arizona pela disponibilidade, agilidade e olhar final para termos a melhor qualidade da cor. Sr. Maurício e equipe Literare, por acreditarem no projeto e aceitarem o desafio de publicar em tempo recorde.

Ao Monge, nosso Mestre Ishwarananda, por inspirar a criação do nome BetaFly – nada óbvio – em um retiro de meditação no Pantanal.

APRESENTAÇÃO

Já parou para pensar qual é o reconhecimento profissional que você ainda não tem e que acha que merece? Qual é a história de sucesso que quer contar sobre você? Esta é a oportunidade de fazer essa reflexão e trabalhar para que isso se torne uma realidade em sua vida. Ao longo da leitura, você terá mais provocações e questionamentos que o levarão a encontrar soluções e insights para o fortalecimento da sua Marca Pessoal, a fim de deixá-la mais autêntica e alinhada com o que deseja.

Você conhecerá as etapas de um processo que reúne nossa experiência de mais de 20 anos em comunicação e *branding* corporativo, testado e aprovado por centenas de pessoas para que também possa refletir sobre a sua marca e encontrar o jeito único de fazer com que seu nome seja lembrado, reconhecido, escolhido e preferido. Tudo isso sem que tenha que criar uma persona. Nossa metodologia parte de profundo autoconhecimento, justamente por acreditarmos que o melhor que cada pessoa tem a oferecer ao mundo vem de sua essência, de sua Identidade.

Depois de vivenciar a jornada de Marca Pessoal, você será capaz de contar sua história de maneira autêntica para atingir seus objetivos e aumentar o seu valor para o mercado. Se é disso que você precisa para ter uma jornada profissional com significado e mais gratificante, venha com a gente.

PREFÁCIO

Susana e Giuliana, autoras deste livro, se "descobriram" na Natura, empresa que, há 53 anos, tive o privilégio de fundar.

Para mim, é razão da maior alegria pensar/sentir o quanto nossa empresa originou interações de grande riqueza intelectual, emocional, afetiva. Descobertas transformadoras, cheias de significados. Considerando toda nossa rede de relações, uma verdadeira legião de pessoas vivendo a dinâmica da vida se descobriu, não apenas em torno do mundo dos negócios, mas mobilizadas por causas, valores, princípios, além da alegria do convívio.

Ao fundar a Natura, que parecia um sonho impossível para muitos, sem me dar conta, eu começava a manifestar minha Marca Pessoal. Para o mundo e para mim mesmo. E é dessa forma de "aventura" que este livro trata. A aventura do vir a ser, que Nietzsche tão bem sintetizou em sua frase, baseada em Píndaro, o poeta lírico grego: "Homem, torna-te quem tu és!". A aventura 'da descoberta e expressão de nossas potencialidades. Algumas nem pressentidas, outras eventualmente reprimidas. Temos dito sim para a vida que nos habita? Os muitos "náos!" que ouvimos na primeira infância ainda ecoam em nós nos reprimindo? Permitimos que se manifeste aquilo que nos chamou para esta vida, origem da palavra vocação?

Neste livro, você encontrará os aprofundamentos, ampliações e reflexões que estas perguntas evocam. Um livro de ação e aventuras, porque está cheio de vida, e vida é movimento. Em um mundo que gira em torno de marcas e Identidades corporativas, frequentemente tornando anônimas as existências de quem as constroem, é da maior importância o desenvolvimento conceitual e prático de como revelar a singularidade de cada um de nós. A revelação daquele que só nós podemos vir a ser, a expressão de nossa Marca Pessoal. É no exercício dessa autenticidade, no fluir desse conjunto de qualidades únicas, que reside a possibilidade de encontrarmos a fonte de realizações e felicidade pessoal: descobrirmos o sentido, a razão de ser, para nossas vidas.

Espero que este livro, ampliador de consciências e revelador de potencialidades, semeie transformações, abra caminhos.

Sejam felizes nestas descobertas!

Luiz Seabra,
Fundador da Natura & Co

INTRODUÇÃO

Ser quem nascemos para ser

O que faz uma marca ser reconhecida, lembrada, adorada a não ser o fato de que ela coloque toda a sua potência a serviço de expandir o outro?

Estamos deixando a era das personas e descortinando o significado de autenticidade. Ganha força a busca por mais verdade nas relações, substituindo gradualmente a construção de personagens e passando a apresentar ao mundo as pessoas como elas são. Revelar-se de maneira genuína é buscar apoio nas potencialidades que você quer mostrar ao mundo. Não na forma de vaidades, mas pela sua proposta de valor. Dessa forma, reconhecimento e sucesso passam a ser a consequência dos nossos talentos colocados em ação, e a serviço de engrandecer: uma pessoa, um público, a sociedade.

Acreditamos que as pessoas fortalecem suas Marcas Pessoais quando conseguem uma combinação poderosa: de fazer, no seu trabalho e na vida, aquilo que nasceram com as habilidades para fazer e que realizam naturalmente bem, somado àquilo que se propõem a executar – um propósito – que lhes traga sentido.

Essa é a autenticidade que emerge a partir do autoconhecimento e abre o caminho para que possamos escolher, a partir da nossa complexidade como seres humanos, e das nossas inúmeras dimensões, quais delas revelaremos e com qual intenção. Não se trata de "sincericídio", mas da segurança de nos apresentarmos sem máscaras para perseguir nossos objetivos. Sem construir personagens que não se sustentam e que custam caro à nossa verdade interior.

O preço de não manifestar nossa essência é deixarmos de existir na nossa maior potência. Com essa verdade compreendida e estabilizada internamente, somos capazes de estabelecer conexões genuínas, permeadas pela empatia e interesse verdadeiro. É menos sobre perseguir ser importante e mais sobre se importar. Menos sobre buscar interesses e mais sobre se interessar. Menos sobre você e mais sobre o outro.

É nesse fluxo que a reputação se constrói e se fortalece na mente e no coração das pessoas com quem interagimos, e que se tornam, naturalmente, disseminadoras da mensagem da nossa marca.

Uma marca que, por ser viva, está em contínua evolução, contando e recontando a nossa história. A partir desse olhar de aceitação, generoso e transparente com nós mesmos, vamos, a cada dia, lapidando a nossa própria Identidade.

Apropriar-se da própria narrativa é exercitar o seu verdadeiro ser.

Um privilégio que a mente humana nos concede e que pavimenta o caminho para que o reconhecimento venha por aquilo que somos – e por tudo aquilo que nascemos para poder ser. Ao abraçarmos a nossa narrativa, traçamos uma vida com mais significado e satisfação, somos reconhecidos não apenas pelo que fazemos, mas pelo que somos, levando a maior senso de propósito e realização, assim como a conexões mais genuínas com todos ao nosso redor.

A construção da sua Marca Pessoal já se iniciou faz tempo, quando você nasceu. O que começa aqui é uma jornada de autoconhecimento mais consciente e que vai promover o fortalecimento da sua narrativa. Vamos?

---

1. Este livro foi escrito na primeira pessoa do plural. Ele sintetiza nosso aprendizado, Giuliana e Susana, em mais de 20 anos atuando em Comunicação e Branding e trabalhando com Marcas Pessoais. Esse conteúdo foi coconstruído por nós duas, mas tem também um pouco de cada uma das pessoas que confiaram no Método FLY® para organizarem sua narrativa, e que deixaram conosco também um pouco das suas marcas. Por isso, no texto, sempre nos referimos a "nós". Quando estivermos falando de uma experiência específica vivida por uma das duas autoras, usaremos " Eu, Giuliana…" ou " Eu, Susana…".

2. As histórias mencionadas ao longo do livro são todas baseadas em situações reais vividas por nossos clientes. Cases completos e conteúdos específicos estão referenciados (nome e sobrenome); nas demais menções, os nomes foram substituídos.

3. Os cargos mencionados nos *cases* e depoimentos referem-se às posições ocupadas pelas pessoas no momento de fechamento deste livro.

O QUE DIZEM NOSSOS CLIENTES

A BetaFly teve uma contribuição muito importante na minha vida profissional me ajudando a aprofundar o meu autoconhecimento, resgatar minha autoconfiança e na preparação para entrar em uma nova fase de vida.

Adriana Leite
General Manager Central America Region - Colgate-Palmolive

Passar pelo processo de construção da Marca Pessoal com a Susana e sua equipe é algo transformador. Me permite enxergar, transbordar e me colocar nos espaços de maneira consciente e completa, por meio de técnicas e metodologias testadas, muita empatia e competência. O Método FLY® transforma carreiras e vidas.

Alessandra Benedito
Advogada, professora universitária e consultora em diversidade

---

O processo com a BetaFly veio pra mim num momento muito oportuno, no qual eu estava revendo uma sociedade e minha forma de trabalho. Eu queria mudar, mas não sabia bem como, então o primeiro benefício importante pra mim foi identificar as minhas fortalezas. Ainda que não fossem temas desconhecidos para mim, o processo com a Susana foi mostrando meus pontos fortes, uma capacidade argumentativa e me dando forças para seguir um caminho mais autônomo. Um dos resultados práticos importantes é que eu queria trazer um diferencial competitivo para o meu posicionamento. Eu tinha uma competência ligada ao mercado de bem-estar que estava adormecida e, por esse caminho, eu acabei me tornando mentora, conquistei novos clientes nesse setor e abri mais uma oportunidade de trabalho para mim.

Alexandra Jakob
Estrategista em Marketing, Varejo e Wellness, Founder - Allez Boutique de Estratégia

---

Entre 2015 e 2020 eu fiz uma virada interessante de carreira saindo do universo B2C e mergulhando no mundo B2B – pelo qual me apaixonei. Em meu trabalho saía de cena uma comunicação de marca e abordagem comercial mais massiva e estatística e entrava uma demanda por um canal de comunicação e posicionamento de marca mais direto e pessoal. Ao mesmo tempo, com o amadurecimento das redes digitais, executivos no Brasil começavam a entender o valor de se posicionarem como embaixadores de suas empresas, marcas e legados.

Na esfera pessoal esses movimentos me trouxeram uma enorme curiosidade de entender mais o valor e processo da construção de uma Marca Pessoal. Confesso que, como muitos, entrei nesta investigação com mais ceticismo do que empolgação e, até por isso, conversei com inúmeros profissionais e praticantes. E foi assim que conheci a Susana, uma pessoa genial e genuína, com quem me encantei e foi catalisadora de uma grande transformação em mim como profissional.

O processo no qual passamos juntos vai muito além do que simplesmente trabalhar a Marca Pessoal e montar um fluxo de comunicação e *thought leadership*. A Susana me provocou a refletir sobre a minha jornada profissional até aquele momento, refinar ambições e caminhos de desenvolvimento futuro. E, no fim, transformar todos estes aprendizados e reflexões em um claro posicionamento estratégico e, consequentemente, um kit de valores e casa de mensagens que traduzisse este posicionamento ao mercado.

Ao mesmo tempo, o processo me estimulou a me expressar mais, escrever melhor e quebrar as barreiras e preconceitos que ainda temos como executivos sobre termos uma voz mais pessoal, ativa e de atuar genuinamente como embaixadores de nosso legado pessoal e das empresas que representamos.

Alexandre Correa
CEO - Gerdau Graphene

O processo de *Personal Branding* da BetaFly foi excelente para avaliar as mudanças no meu posicionamento profissional, descobrir as minhas fortalezas e os maiores desafios que EU preciso enfrentar para, de fato, estar 100% alinhado com o meu novo momento/projeto profissional.

André Porto
Investidor

O processo de Marca Pessoal foi essencial para impulsionar minha carreira, levando-me de 400 para 700 fazendas atendidas. Através desse apoio determinante, pude ampliar minha visibilidade, transmitir minha expertise e construir relacionamentos sólidos, alcançando resultados surpreendentes e estabelecendo minha reputação como um profissional confiável e especializado em minha área de atuação.

Antônio Chaker
Empreendedor agrobusiness - Instituto Inttegra

Decidi fazer este trabalho de Marca Pessoal com a Giu depois de ter participado de outro projeto conduzido por ela para a Marca Pessoal com um dos médicos da clínica em que eu atuava. A experiência de ter participado junto deste médico, vendo as provocações que a Giu fazia e, ao mesmo tempo, as transformações do médico, fez com que eu também decidisse embarcar nesta mesma jornada. Procurei a BetaFly novamente, quando eu decidi seguir meu sonho de sair da clínica e poder atender outros médicos com minha experiência. E após a mentoria, isso se concretizou: hoje sou consultora especializada em gestão de pessoas na maior consultoria médica do Brasil.

Eu simplesmente ameiiii muito! Muito obrigada, Giu, quanta coisa construída juntas, incrível ver tudo sintetizado, na verdade, ver tudo solidificado, pois saiu do "gasoso" e veio para o "sólido". Hoje me vejo trabalhando e contribuindo com muitos médicos conectada com meu propósito.

Carol Kitsis
Empreendedora, Profissional de Pessoas e Cultura para gestão de clínicas médicas

---

Minha experiência com a mentoria de Marca Pessoal com a Susana e seu time foi simplesmente maravilhosa e enriquecedora. Desde o primeiro momento, senti que estava em boas mãos e que poderia confiar plenamente nas orientações e direcionamentos que recebia. A Susana é uma *expert* em *Branding* Pessoal, que me ajudou a entender melhor a minha identidade e a construir uma marca forte e consistente. O time da BetaFly é imbatível, competentes e dedicadas, e me ajudaram a alcançar resultados incríveis em pouco tempo.

Carolina Papa Pagano
Gestora de Patrimônio

Quando completei 25 anos do meu escritório de Arquitetura, senti necessidade de "refrescar" meu olhar sobre a rotina e forma de trabalhar. Procurei a BetaFly. O trabalho de *Branding* pessoal da BetaFly foi riquíssimo para este processo, me levou a uma análise bastante profunda em diversos aspectos pessoais e profissionais. O resultado da pesquisa mostrou, de maneira clara e muitas vezes surpreendente, a impressão (imagem) que os outros faziam do meu trabalho e também pessoal, o que possibilitou diagnosticar falhas recorrentes que não eram percebidas assim como enfatizar valores e talentos muitas vezes naturais ou espontâneos para enaltecê-los de forma programada e mais consciente. Resumindo, foi uma "luz".

Carolina Rocco
Arquiteta - Carolina Rocco Arquitetura

Eu considero o processo de Marca Pessoal com a BetaFly um dos mais ricos *assessments* que eu fiz na minha carreira. Todo trabalho de entrevistas com pessoas que trabalharam ou se relacionaram comigo complementado com autoavaliações para mapear talentos dominantes, pontos fortes, comportamentos sabotadores, temas que domino e oportunidade de melhoria na minha comunicação foram essenciais para que eu pudesse melhorar meu comportamento atual e meu foco de atuação para fortalecer minha Marca Pessoal. O principal benefício de ter passado pelo processo foi internalizar o tamanho do *gap* entre o meu *actual self* (realizadora, influente, e relacionamento) fortalecido pelas minhas experiências profissionais recentes e o meu ideal *self* (atuar como conselheira, em papéis estratégicos). Isso me trouxe clareza sobre o direcionamento que preciso seguir e a postura que tenho que adotar. De maneira prática, revisei meu currículo, articulei um novo discurso para falar com *head hunters* e redirecionei meus *posts* no LinkedIn para assuntos mais estratégicos.

Carolina Rocha
Director of Retail and CPG - Microsoft

O processo de *branding* realizado pela BetaFly é um olhar para dentro, profundo, para descobrir nosso lugar no mercado e no mundo. É um incentivo a trabalhar os nossos pontos fortes e descobrir onde e o que melhorar. Giuliana fez tudo ficar fácil e prazeroso, foram quase três meses de encontros que passaram rápido demais! Já estou com saudade das nossas reuniões semanais! Obrigada por tudo, sem dúvidas o processo será um marco para meu crescimento profissional!

Dra. Catarina Carvalho
Médica Dermatologista - Fundadora da Clínica Dra. Catarina Carvalho

Procurei o serviço da BetaFly para encontrar um posicionamento que englobasse todas as Cecilias que vivem em mim: a empresária da construção civil, a advogada, a poeta e escritora, a mulher e mãe. O nosso desafio era trazer todos os meus lados de forma harmônica e potente para minha Marca Pessoal.

O trabalho com a Susana foi profundo, metódico e sempre com uma visão estratégica, buscando alcançar uma identidade autêntica e memorável.

O resultado foi sensacional! Hoje, nem sei mais como era ser "compartimentada". A sinergia na junção das Cecilias foi extremamente poderosa e, melhor ainda, me deixou em um lugar confortável para ser integralmente quem sou. Isso tornou meu discurso fluido e meu posicionamento orgânico, refletindo verdadeiramente minha essência em todas as áreas da minha vida.

Cecília Cavazani
Co-CEO - Cavazani Construtora

Giu, a experiência que você proporcionou para nossa clínica foi realmente incrível. Ela nos permitiu nos conhecer melhor como indivíduo e reconhecer a importância de trabalharmos juntos como equipe, em primeiro lugar. Em segundo, você nos fez enxergar a importância da Jornada do Paciente. Apesar de já cuidarmos bem dos nossos pacientes, percebemos que poderíamos acolhê-los e proporcionar uma experiência ainda melhor. Isso foi claramente evidenciado depois da implantação que fizemos a partir das suas sugestões. Por tudo isso, eu tenho muita coisa a te agradecer. O próximo consultório vai incorporar muito do que você me ensinou, e vamos continuar caminhando juntas ainda.

Dra. Christine Guarnieri
Médica Dermatologista - Fundadora do Centro de Dermatologia Christine Guarnieri

A Susana me guiou de forma precisa usando uma metodologia muito bem-estruturada. Com a condução adequada eu fiz um mergulho na minha trajetória, minhas *skills* e reavaliei meus planos de carreira.

Além disso, tive a oportunidade de saber a percepção dos meus parceiros, líderes e liderados, minha família e amigos em relação aos meus pontos fortes. Foi muito rico usar essas reflexões e informações como ponto de partida para construir minha Marca Pessoal.

Como resultado, tenho mais clareza do meu perfil profissional e da marca que quero imprimir no mundo.

Cinthia Fajardo
Diretora Geral - Playboy do Brasil

A mentoria da BetaFly foi um divisor de águas para mim pois me deu muitos insights profundos de visão, propósito, valores e me ajudou a definir qual diferença quero fazer no mundo e como deixar esta marca que eu quero. Além de me ajudar a ver meus pontos fortes que são diferenciais e que não dava o respectivo valor. Em resumo, me ajudou a me ressignificar e melhorar meu posicionamento com meus *stakeholders* que agora estão muito claros para mim.

Outra boa notícia que queria compartilhar - fiz um *post* no LinkedIn a 3 horas e já tem 4900 visualizações.

Dobrei minha rede no LinkedIn desde que comecei atuar nele após nossa mentoria.

Fernanda Sarreta
Vice-Presidente Administrativa - IC Transportes

No meio da pandemia, num momento de intenso mergulho interno resolvi fazer o processo de *Personal Branding*. Mesmo com mais de 20 anos de experiência entre varejo, bens de consumo e tecnologia, eu tinha vários preconceitos e receios em me comunicar e me enxergar como marca. O processo fez várias fichas duras caírem e me bagunçou de uma boa maneira. Aprendi que uma marca coerente é aquela que, em direção a um objetivo ou propósito, se comunica alinhada a seu contexto interno. Nessa jornada, adquiri uma consciência e estrutura que talvez nunca conseguisse sozinha. Me sinto confiante em me comunicar de forma autêntica e uso esse conhecimento, hoje, na minha vida e no meu trabalho.

Flávia Villani
COO- Elo 7

O médico é sabido, tira boas notas, acha que não precisa, nunca para pra pensar em fazer um processo como este tão profundo. Giuliana foi sempre muito cuidadosa e, ao mesmo tempo, fazendo provocações importantes. Todos deveriam fazer em qualquer momento da vida serve como ponto de partida.

Uma amiga em comum com a Giuliana comentou que eu deveria fazer este trabalho de Marca Pessoal direcionada para profissionais da saúde, e eu confesso que não sabia o que ia encontrar ao fazer este processo. Hoje, tenho certeza de que a jornada de Marca Pessoal foi o ponto de partida para tudo o que vier daqui em diante na minha vida e na minha carreira. Esta jornada me deu mais segurança para as decisões que precisava fazer.

Dr. Flávio Takaoka
Médico Anestesista, Supervisor do Programa de residência de anestesia - Hospital Albert Einstein, Presidente do Conselho Médico - Takaoka Anestesia, Membro do Conselho Médico - Alice e da Fin-X

O processo conduzido pela BetaFly foi extremamente relevante para desmistificar o que significa Marca Pessoal. Mesmo sendo uma pessoa introvertida, compreendi a importância de construir uma marca de maneira consistente e autêntica. Sem o acompanhamento da Susana, isso não seria possível. Trabalho sério, com metodologia e incrivelmente humano.

Irina Bullara
Diretora Geral RenovaBR

Procurei a BetaFly por indicação de uma pessoa próxima. Queria trabalhar melhor minha imagem profissional nos dois mercados em que atuo como médica dermatologista. O trabalho de Marca Pessoal é um rico processo de autoconhecimento profissional em que identificamos os atributos de valor da minha marca, seu posicionamento no mercado e como desejamos comunicar ao público. Para mim, o trabalho com a Giu, que tem um método específico para profissionais da saúde, foi uma base importante na definição das estratégias de comunicação na web de forma clara e coerente com quem sou e com o que acredito. É um material rico para direcionar a equipe de marketing. Contribuiu também no direcionamento dos próximos passos na minha carreira. Recomendo fortemente a BetaFly para quem deseja trabalhar sua marca de modo claro, consistente e coerente! A Giu e a Susana são excepcionais!!

Dra. Lilian Salvino
Médica Dermatologista - Fundadora da Allier Clínica & HairMe

Passar pelas etapas do Método FLY® me levou a contar a minha própria história, e esse processo foi ampliando a minha consciência. Há muito tempo venho trabalhando meu autoconhecimento e o processo me ajudou a potencializar minhas fortalezas e iluminar os pontos de desenvolvimento, ajudando a organizar efetivamente o meu processo de desenvolvimento.

Luciana Domagala
Vice-presidente de Pessoas e Sustentabilidade - Ipiranga

O trabalho com a BetaFly aconteceu em um momento importante de transição de carreira em que revisitamos juntas a minha trajetória pessoal e profissional e identificamos os principais propósitos para o novo ciclo.

A combinação de sessões, conteúdos e exercícios foi perfeitamente estruturada e me proporcionou clareza e confiança, sendo assim bem-sucedida no meu movimento de carreira. Processo rico, intenso, profundo que depende do desejo e da dedicação de ambas as partes e que deixou comigo um método de diagnóstico e atuação frente aos inúmeros desafios que encontramos no nosso dia a dia do ambiente corporativo.

Maitê Leite
Vice-Presidente Executiva Institucional - Banco Santander

Quando busquei a BetaFly para me ajudar a construir minha Marca Pessoal, pensava que o trabalho da Giuliana especializado para profissionais da saúde certamente seria útil para os meus desafios profissionais, mas tivemos tantas conversas excelentes e metodologias concretas aplicadas ao longo da nossa jornada que, hoje, posso afirmar que sou não só uma médica melhor, mas também uma pessoa melhor. As etapas de autorreflexão, *feedbacks*, desenho de valores e atributos de marca conduzidas pela Giu, foi tudo muito bem embalado por encontros dos quais sentirei muita falta. Ela me deixou mais preparada para crescer, viver e voar. Obrigada, Giuliana e time BetaFly.

Dra. Marília Bronze
Médica Dermatologista - Fundadora da Clínica Dra. Marília Bronze

---

Participar desta jornada com você, Giu, me fez acreditar mais em mim e em meus sonhos, você mostrou a minha essência e como isso era e é importante na minha vida e na vida dos meus pacientes. Um dia você me falou que eu teria que ser como sou e não mudar meu jeito carinhoso e cuidadoso, das minhas gargalhadas, pois eu não sabia como ter que lidar com um novo público que queria atingir e ser quem eu sou, por mais óbvio que parece, fez toda a diferença na minha vida e minha trajetória!

Desde o café com uma frase que trouxesse o amor, a autoestima, o cuidado e carinho com cada um dos meus pacientes, que eu continuasse minha essência, foi uma trajetória incrível que tento colocar em prática todos os dias. E você com certeza fez toda a diferença com seu profissionalismo e sensibilidade de me mostrar o que realmente importa para alcançarmos nossos sonhos! Sou sua fã!

"Nós somos aquilo que fazemos repetidamente. Excelência, portanto, não é um ato, mas é um hábito."

(Aristóteles)

E faço minha excelência todos os dias dando muito amor, carinho e gargalhadas aos meus queridos pacientes.

Com amor e carinho,

Dra. Milena Botelho
Médica Dermatologista - Fundadora da Clínica Dra. Milena Botelho

---

O processo de Marca Pessoal deveria ser obrigatório em algum momento da vida de qualquer pessoa. A consciência de como a pessoa se apresenta, de como é percebida, de como pode se olhar e se posicionar, na física e na jurídica, pode, de fato, orientar e/ou redefinir muitos aspectos na nossa atuação, seja ela qual for. Não acho que fiz tarde, mas, ao mesmo tempo, gostaria de ter feito antes. Diz-se por aí que é feito "na hora certa"! Sem dúvida uma mudança de patamar, de olhar, de ampliação das perspectivas! E isso traz um brilho no olho necessário para seguir em frente, fazer diferente, ou fazer do mesmo jeito, mas com outra consciência. Adorei ter participado desse estudo sobre o que me tornei e o que ainda posso me tornar!

Samantha Dangot
Diretora Jurídica - IdeaZarvos!

O trabalho de Marca Pessoal deveria ser obrigatório para todas as pessoas, independentemente do seu título ou cargo. Conhecer quem você é e como as pessoas te enxergam (sim, não é sobre o que você é, mas sobre o que acham que você é) te coloca em uma posição de extrema vantagem para garantir empregabilidade, sucesso e felicidade. Cada processo é único e o meu serviu para consolidar o que já achava sobre mim, me ajudou a me apropriar de minhas fortalezas e trouxe aquele sonho do plano B mais perto do meu plano A. E se puder viver o meu plano B (mesmo que adaptado) junto com o A? E se eu puder encurtar essa distância entre os meus 2 planos? Obrigada, Su, pela dedicação, entrega e carinho nessa vivência que tivemos!

Talita Nakano
Head of Cloud Sales for Education LatAm - Google

10.000m de altura, voo em velocidade de cruzeiro, se acende a luz de apertar o cinto. Quem já passou por essa situação sabe bem o pânico que vem, entretanto, no fundo, você sabe que, por mais que todos seus órgãos internos se movimentem em uma turbulência severa, sairemos vivos, ou, na melhor das hipóteses, nada vai acontecer.

Passar por um processo como o de *Personal Branding* da BetaFly no início parece uma turbulência leve, sem muitos efeitos colaterais, entretanto, quando nos aprofundamos no processo, somos expostos ao efeito turbulência severa, nossos órgãos internos se movem!

Saímos do nosso eixo central, para que, desde uma perspectiva diferente, nos vejamos de forma diferente. É tempo de parar, refletir e construir um novo lugar no tempo espaço.

Obrigado por essa turbulência, Susana, nosso processo foi afirmativo e revigorante.

Thiago Gonçalves
Hult EF Corporate Education - Latam Account Director

Agradeço aqui formalmente a Susana Arbex de Araujo da BetaFly Brandmakers que, por meio do trabalho sólido que vem fazendo com #marcapessoal #personalbranding #reputacaopessoal, me inspirou para concretizar essa mudança de status, reformular padrões, pedaços adquiridos ao longo de uma trajetória, mas que não podemos assumir como nossos até que seja feita a pergunta: quem eu sou, como quero ser percebido, qual o meu contexto, o que me faz especial e singular, e transportar isso para uma comunicação uníssona on e off-line.

Vanessa Sandrini
Diretora de Varejo JHSF. Fundadora e Presidente do Conselho do
Instituto Mulheres do Varejo

Estou há quatro meses usando o TikTok, com 50k de seguidores e vídeos com até 2,5M de visualizações. Quando comecei a trabalhar no Instagram, passei de 3k para 80k e tenho vídeos com 3M de visualizações, e está em franca expansão. E isso de modo totalmente orgânico, isso é bem legal.

Acho que esses dados robustos são fruto de consistência na construção de uma imagem digital bem planejada. Trabalhar minha Marca Pessoal com Giuliana foi um divisor de águas para ampliar minha voz, e a consultoria de Marca Pessoal da BetaFly foi parte importante nessa construção. Agradeço a todas vocês, entre outras coisas, por esse trabalho que fizemos juntos.

Zota Coelho
Diretor de criação - Estúdio Zota

SUMÁRIO

Capítulo 1:
A era do protagonismo espera por você 37

    Marca Pessoal e o Futuro do Trabalho 42

Capítulo 2:
O que você ainda não mostrou
para o mundo? 47

    Sua Marca Pessoal já existe 52

Capítulo 3:
O que está impedindo você
de trabalhar sua Marca Pessoal 57

    "Não sei me vender" 58
    "Tenho medo do julgamento das pessoas" 60
    "Preciso me preparar um pouco mais" 61
    "Sou uma pessoa introvertida" 64
    "Não tenho um diferencial relevante
    como profissional" 65

"Pessoas com a minha senioridade não precisam" 66

"Não sou celebridade" 69

"Não preciso trabalhar minha marca.
Se eu fizer meu trabalho bem-feito,
o reconhecimento virá" 70

"Não quero expor minha vida íntima" 71

"Já investi muito na minha marca atual" 72

Capítulo 4:
Da marca corporativa à Marca Pessoal 77

O surgimento da Marca Pessoal 81

O desafio de construir
uma Marca Pessoal memorável 85

Marca Pessoal é sobre conexão e confiança 89

Capítulo 5:
MÉTODO FLY® para Marca Pessoal 93

Capítulo 6:
Ser uma Marca 105

O que é a Identidade? 106

Expansão da autoconsciência.. 109

Como a Marca Pessoal se forma a partir da Identidade 112

Capítulo 7:
DNA da Marca 121

Diagnóstico da Marca 125
Conhecendo seus Talentos 127
Autopercepção 130
Percepção do outro – Feedback 360° 132
Em busca de dados...133
E se eu não puder pedir um Feedback 360°? 137
Fechando seu Diagnóstico de Marca 138
Tirando aprendizados de um Feedback 360° 139
Como usar a Janela de Johari 140

Mapeando seu DNA de Marca 143
Seus Valores 144
Valor-meio x valor-fim 146
Visão Pessoal 149
Propósito Pessoal 150
Estado de Flow 153

Consolidando sua Identidade 155

Capítulo 8:
Posicionamento 169

Olhar para o seu público 170
Olhar para o ambiente 177
Olhar para as suas inspirações 179

Defina o território da sua Marca Pessoal.............................. 181

Credenciais para sustentar seu Posicionamento 183

Sua Proposta Única de Valor 185

Capítulo 9:
Estratégia de comunicação
da Marca Pessoal 193

Por que comunicar 195

    Comunicar para construir reputação 195

    Comunicar para construir credibilidade 197

    Comunicar para escolherem você 199

O que comunicar 200

    Mensagens-chave 202

    Temas Pessoais 204

    Sua Biografia ou Bio 207

    Pitch Pessoal 215

    Storytelling 218

Como comunicar 221

    COMO você trata o seu conteúdo 222

COMO você embala o seu conteúdo 229

    Inteligência Emocional e Social 230

    Comunicação não verbal 233

    Tom de Voz 235

    Apresentação física 236

Onde comunicar 238
    Comunicação on-line 238
    Comunicação presencial para plateias 242
    Networking 245

Capítulo 10:
Colocando sua Marca Pessoal em ação 255

Capítulo 11:
Viva em Beta e Fly 263

CAPÍTULO 1

A ERA DO PROTAGONISMO ESPERA POR VOCÊ

"O que dizem de você quando você não está na sala?"

Quando a headhunter fez essa pergunta, Júlia ficou intrigada. Não sabia responder. Dias depois, a questão ainda ecoava em sua mente e ela nos procurou. Júlia já tinha passado por alguns processos de *feedback* e autoconhecimento, mas se deu conta de que precisava olhar para si mesma por uma nova lente. Já havia algum tempo ela sentia que precisava mudar a forma como geria sua visibilidade profissional, mas não sabia exatamente o quê.

A pergunta da headhunter que fez Júlia querer sair do piloto automático e ressignificar seu papel no mundo é inspirada numa frase atribuída ao fundador da Amazon, Jeff Bezos: "Marca é o que dizem de você quando você não está na sala", ele teria dito. Essa afirmação provoca arrepios em muitas pessoas que associam este "falar quando a pessoa não está na sala" a algo negativo. No entanto, dizerem algo ruim sobre nós é só uma das possibilidades. Há também momentos em que falam bem – muito bem – e eles contribuem para afirmar positivamente nosso papel no mundo. Todas as vezes que alguém faz referência positiva a uma pessoa, indicando os trabalhos dela, recomendando seu serviço, está divulgando a Marca Pessoal desse indivíduo sem que, necessariamente, ele esteja presente. E isso é muito benéfico.

Quanto mais interligado o mundo se torna, movimento esse potencializado pela tecnologia, mais intensa é a troca de recomendações. Portanto, se torna mais relevante compreender como se posicionar e como fortalecer os atributos pelos quais desejamos ser lembrados. Conectar-se com esse espírito do tempo é fundamental para capturar oportunidades profissionais que estejam alinhadas com os seus objetivos e propósitos. Júlia já havia entendido isso, mas não sabia por onde começar. "Não consigo identificar meus diferenciais como profissional e, muito menos, comunicá-los de maneira autêntica", foi o que nos disse.

As dúvidas e dificuldades de Júlia são comuns a muitas pessoas. Isso porque trabalhar a Marca Pessoal é algo muito, muito recente. Poucos de nós fomos educados, ou até mesmo instigados, a assumir as rédeas da nossa narrativa. Muitas são as pessoas que passaram uma boa parte da vida trabalhando e confiando que, ao cumprir corretamente suas atividades, o reconhecimento aconteceria naturalmente.

Agora, num movimento que pode parecer lento, mas tem sido contínuo, percebemos um crescente empoderamento do indivíduo em suas diversas dimensões. Quem viveu a década de 1980 para 1990 começou a ver o consumidor tendo mais voz. Já nos anos 2000, o indivíduo passou a ser um produtor de mídia, tendo em suas mãos aparelhos celulares inteligentes que permitem fotografar, gravar, escrever e publicar. Dessa forma, surgiram de maneira exponencial criadores de conteúdo que têm a oportunidade de ganhar notoriedade, construir autoridade, divulgar produtos e serviços, dar opinião e até mesmo desbancar grandes corporações de mídia que, no passado, eram as grandes disseminadoras de informação, conteúdo, tendências e opinião. A tecnologia e as mídias sociais permitiram que as pessoas amplificassem a sua voz.

Os indivíduos começaram a se destacar – e não somente os empreendedores de sucesso, como no passado. Temos visto uma valorização crescente das singularidades profissionais em diferentes estágios das estruturas corporativas. Esse movimento deu a possibilidade de as pessoas ganharem mais protagonismo a ponto de se tornarem capazes de terem um alcance tão grande quanto o de uma grande marca. Essa verdadeira revolução segue numa crescente.

Até então, havia uma assimetria enorme de poder entre as marcas pessoais e as marcas empresariais, fossem elas de qualquer segmento. Não que essa assimetria ainda não exista, mas a distância está começando a se estreitar. No passado, era praticamente uma regra presenciarmos a seguinte situação: quando uma pessoa fazia parte de uma empresa, uma clínica, um escritório, enfim, algum tipo de organização, e deixava esse emprego, abandonava também o sobrenome empresarial. Isso causava um sentimento de perda de algo muito estruturante para o indivíduo. Afinal, diversas marcas empresariais agregam atributos muito importantes para as marcas pessoais, um status mesmo. Estar debaixo desse guarda-chuva aumenta o valor de mercado de um profissional. A questão é que o sentimento – de muitos – era o de que, ao perder um sobrenome empresarial, escapava das mãos até mesmo um pedaço da própria Identidade.

E por que isso acontecia? Porque o "sobrenome" era um símbolo de prestígio e reputação. Ao perdê-lo, iam embora com ele essas qualidades. Era como se a pessoa fosse pequena diante de uma marca empresarial forte e robusta, que a validava, e na qual ela também se apoiava. Isso ainda acontece hoje, especialmente com quem passou muitos anos dentro de uma organização e, de repente, tem que se adaptar a uma nova realidade. A situação se repete com profissionais da saúde, como médicos que fizeram carreira em grandes clínicas e hospitais; na advocacia, em relação aos grandes escritórios, e em diversos segmentos. No entanto, essa realidade está mudando.

Hoje, mesmo uma pessoa que opta por permanecer em uma instituição robusta – e sente um impacto ao deixá-la –, começa a perceber que tem uma voz, e que essa voz pode ter eco em outros grupos de pessoas que se identificam com a sua mensagem. Ou seja, ela entende que existe valor e força em sua autenticidade e sua Marca Pessoal. Esse é um indício da era do protagonismo que estamos vivendo.

Este é um tempo em que buscamos compreender quem somos, quais são as nossas potencialidades e como isso pode ser colocado a serviço de um propósito. "Ser quem nascemos para ser" é um conceito debaixo do qual cabem inúmeras possibilidades. Abrimos espaço para que as Identidades não só se revelem com mais autenticidade, mas também sejam valorizadas por isso. É possível encontrar novas formas de conexão com nós mesmos e percepção de valor dos nossos feitos, não tendo que depender somente de ter um sobrenome empresarial para isso.

Observamos os profissionais transitando cada vez mais, não somente movendo-se mais entre empresas e marcas, mas também entre formatos de trabalho. Um dia você pode empreender. No outro, vende sua empresa e decide trabalhar para alguém. Em outro momento, trabalha por projeto ou atua como freelancer. A cada mudança, acumula experiências e as leva de um lugar para o outro, enriquecendo a história de sua Marca Pessoal.

O crescimento exponencial de startups é mais um sinal desse fenômeno – o indivíduo se empoderando cada vez mais, em um mundo fluido, competitivo e interconectado. Isso não significa que todas as pessoas tenham que fazer uma carreira solo ou empreender para assumir as rédeas da sua Marca Pessoal. Essa é a parte interessante. As redes sociais, com a descentralização das mídias, trouxeram uma incrível possibilidade para cada indivíduo revelar a sua voz em qualquer contexto que esteja, inclusive corporativo. Nessa nova realidade, as pessoas estão tomando para si o poder das narrativas profissionais.

Vivemos uma oportunidade única na nossa história – de nos diferenciarmos por aquilo que somos genuinamente, sem máscaras. São inúmeras as pessoas que vêm ganhando reconhecimento pela forma transparente com que se colocam no mundo. Júlia é uma entre uma gama enorme de pessoas que já percebem que estamos diante dessa era do protagonismo. Um tempo no qual ganha mais espaço, visibilidade e reconhecimento quem mais for capaz de se diferenciar da multidão. E isso não é apenas fascinante – é um oceano de oportunidades.

Marca Pessoal e o Futuro do Trabalho

Em paralelo à descentralização do poder das grandes marcas e grandes empresas, tem sido frequente ouvirmos que uma grande parte dos empregos que dominará o mercado daqui a cinco ou dez anos ainda não foi criada. Não é novidade que, nesta última década, temos visto o surgimento de vários novos empregos, principalmente aqueles ligados ao avanço da tecnologia e ao aumento da necessidade de habilidades digitais, como especialistas em inteligência artificial, desenvolvedores de *blockchain*, profissionais em segurança cibernética, realidade aumentada e muitos outros. Mas esses avanços atingem todas as profissões.

Nós duas, por exemplo, trabalhamos por quase 20 anos em Marketing e Comunicação, duas disciplinas que eram muito influenciadas por experiência, criatividade e sensibilidade. Hoje, o Marketing é uma disciplina de dados. Assim como na Medicina, no Direito, é difícil afirmar quais áreas de atuação estarão imunes a essa transformação, mas é provável que poucas escaparão de alguma mudança. Saber disso gera certa angústia, porque traz sensação de impotência. Afinal, o que fazer a partir dessa informação? Como se preparar hoje para um cenário que ninguém sabe qual vai ser?

Se essa perspectiva é tão incerta, um alento é que, assim como você não sabe quais serão os empregos do futuro, ninguém mais sabe também. Mas é certo que, conforme a tecnologia segue evoluindo, os profissionais precisam reaprender e rever seus conhecimentos a fim de se aperfeiçoarem para crescer e acompanhar o mercado.

Uma das formas de se preparar para esse futuro difuso é trabalhando a sua Marca Pessoal e deixando claro aquilo que você é capaz de fazer. Cuidar da sua Marca Pessoal num momento de rápida evolução é uma questão de sobrevivência. Quando surge um trabalho que não existia, não é possível pedir como pré-requisito que as pessoas que vão se candidatar a ele tenham experiência ou alguma formação prévia. O que se costuma buscar são atividades similares às que se tenha realizado. É uma forma de analogia. E trabalhar a Marca Pessoal traz clareza para isso.

Se algo que você já exercitou no passado for, pelo menos, similar, o pensamento de um recrutador/empregador pode ser: "Bom, como essa pessoa passou por essa experiência, ou tem essa habilidade, esse talento, então ela terá condições de lidar com esse desafio". Essa é a lógica: os profissionais serão procurados para as novas posições com base naquilo que são reconhecidos por fazer bem. Isso vale tanto para empregos quanto para projetos ou empreendimentos. No ambiente de inovação, isso é uma constante. Fortalecer sua Marca Pessoal é uma forma de deixar suas capacidades em evidência.

Além disso, embora a automatização e a inteligência artificial estejam substituindo muitas funções, as habilidades humanas, como liderança, criatividade e a capacidade de se adaptar às mudanças provavelmente ainda serão altamente valorizadas. Escutamos muito no Vale do Silício: "Quanto mais tecnológico o mundo se torna, mais humanos precisamos ser". Ter clareza de suas habilidades humanas faz parte da jornada de Marca Pessoal. Ao desenvolver um posicionamento forte, o profissional pode se blindar contra essa "automatização do trabalho" e destacar-se num mercado altamente competitivo com o seu diferencial humano, com o seu conjunto de talentos, ou seja, aquilo que o torna uma pessoa única e o faz ser escolhido pelo seu público.

Foi o que aconteceu com a médica radiologista Patrícia, que decidiu abrir um consultório próprio após ter adquirido um equipamento de última geração para ultrassonografia. Com 14 anos de formada e sócia de uma clínica popular de radiografia, ela sabia que os profissionais dessa área seriam os primeiros a serem impactados e substituídos pela tecnologia. Nesse cenário, entendeu a importância de não apenas usar a nova tecnologia disponível a seu favor, mas, acima de tudo, trabalhar sua Marca Pessoal a fim de destacar seus diferenciais, suas habilidades humanas, para gerar conexão com os pacientes e com os médicos solicitantes. Fazendo isso, aumentou em 30% o resultado de sua clínica.

A partir da necessidade do indivíduo de organizar a narrativa sobre si, começamos a ver um crescente movimento da busca pelo entendimento sobre como podemos nos tornar protagonistas da nossa história. Encontrar as respostas para essa busca é possível a partir do momento em que você começar a trabalhar estrategicamente a sua Marca Pessoal.

A palavra é segurança.

Eu saí muito mais segura do meu lugar e das minhas capacidades do que quando eu entrei no processo.

A metodologia da BetaFly é super interativa e nos coloca num lugar de provocação/reflexão. São passadas tarefas e, para poder completá-las, a gente tem que parar e nos olhar. Muitas vezes isso é incômodo, mas parece que é essencial para o trabalho. Fazer um trabalho de Marca Pessoal é importante porque leva a gente a olhar para quem a gente era, e entender quais as competências que a gente tem, e as que a gente não tem. O que a gente já realizou na nossa vida profissional e o que ainda queremos realizar, aonde queremos chegar. Muitas vezes, a gente nem sabe disso, mas olha até para onde não quer ir. Essa metodologia que vocês utilizam traz essa construção e análise. As tarefas passadas pareciam um desafio porque são perguntas simples, mas, ao mesmo tempo, muito profundas. Entretanto, responder foi muito interessante, porque fui revivendo o meu histórico profissional, minhas conquistas, coisas que haviam passado despercebidas e que eu não havia dado o devido valor. Foi muito interessante!

Um trabalho que me fortaleceu muito e me deu muita segurança e direcionamento para onde eu quero ir usando as minhas fortalezas.

Os encontros com você, Su, foram muito ricos. A sensação que eu tinha é de que, a cada encontro, a gente dava um salto, aprendendo e tendo muitos insights.

O feedback das entrevistas, a plataforma amigável, perguntas diferenciadas do que as pessoas estavam acostumadas a receber. Gostei muito da metodologia e foi um momento em que parei para fazer um balanço da minha vida, e o processo foi um fechamento.

Rosane Menezes Lohbauer,
Fundadora e Sócia Gestora - SouzaOkawa Advogados

CAPÍTULO 2

O QUE VOCÊ AINDA NÃO MOSTROU PARA O MUNDO?

Para alguns, a era do protagonismo empodera; para outros, é libertadora; para um terceiro grupo, ainda, traz mais aprendizado e evolução. No entanto, o fato de tudo isso ser possível, e muito bom, não significa que seja fácil para todos. Algumas pessoas terão uma propensão mais natural a assumir a liderança e se adaptar à nova realidade. Para outras, a sensação pode ser de saudade de quando o sobrenome empresarial definia e simplificava seu papel no mundo – e o leque de possibilidades que se abrem além da vida nas organizações pode causar certo desconforto.

Muitos profissionais experientes em diversos mercados têm vivido essa realidade. E ainda amargam um incômodo lugar na plateia vendo pessoas com muito menos a oferecer ao mundo já usando sua voz e reverberando sua mensagem. Quando nos deparamos com aqueles que ousam e aparecem mais, ainda que possam parecer ter menos domínio ou profundidade em algum tema, a necessidade de aumentar a nossa visibilidade começa a gritar – em negrito e letras maiúsculas. Daí vem exatamente uma das maiores queixas que escutamos dos nossos clientes: "Pessoas menos competentes têm mais visibilidade que eu".

Vemos uma explosão de pessoas "comuns" se projetando, se tornando inspiração para muitos e sendo consideradas verdadeiros modelos de sucesso. A aparente perfeição dessas personalidades – alguns perfeitos até na imperfeição – só aumenta a angústia dos meros mortais: será que consigo me destacar em um mercado recheado de profissionais-celebridades? Era o que Júlia se perguntava ao constatar que, mesmo tendo construído uma trajetória profissional consolidada e consistente, não tinha nem o destaque nem o reconhecimento que merecia. Sentia-se pouco valorizada. Ao mesmo tempo, ela não conseguia ter uma visão clara de sua importância e lugar no mundo, julgando ser apenas uma peça numa engrenagem, sem um propósito claro.

É comum vermos em nosso dia a dia pessoas cheias de virtudes, qualidades, conhecimento e potência escondidas e deixando de entregar ao mundo o que têm de melhor. Essa dualidade, esse oscilar entre saber-se capaz, mas, por vezes, duvidar da própria capacidade leva muitas pessoas a ficarem reticentes quanto a fomentar suas Marcas Pessoais. "Será que, ao me expor, vou fazer um papel ridículo?" é a pergunta que ecoa internamente.

Com ela, algumas outras:

- *"Depois de passar por tantas experiências profissionais, como organizo minha narrativa?"*
- *"Como eu olho para a minha trajetória e extraio um significado?"*
- *"Devo contar todas as minhas histórias? E o que deu errado também?"*
- *"Qual recorte da minha história faz mais sentido compartilhar neste momento da vida?"*

Essas perguntas evidenciam uma necessidade que os indivíduos passaram a ter de olhar em perspectiva para a própria trajetória e conectar os aprendizados de maneira interessante de ser contada, que mostre como tudo o que uma pessoa viveu faz dela alguém de valor.

Veja o caso de Helena, que sempre preferiu atuar nos bastidores e evitava se posicionar como líder. Na visão dela, seu papel como CEO era ser uma facilitadora que fosse capaz de apoiar os integrantes de seu time para que eles brilhassem. Por isso, ela investia energia empoderando sua equipe. No entanto, mesmo não sentindo necessidade de estar no palco, havia algo que queria mostrar sobre si mesma para o mundo. O que ela não sabia era como se colocar em evidência respeitando sua essência e seus valores. Para Helena, o fato de ser humilde era a razão que criava uma barreira entre ela e tudo aquilo o que poderia mostrar sobre si. Afinal, ela não considerava congruente ter humildade e se colocar em evidência. Isso ficou claro quando nos procurou com um questionamento contundente: "Como é a marca de alguém que é segura e, ao mesmo tempo, humilde?".

Conforme Helena foi recontando a própria história a partir de um olhar mais generoso consigo mesma, foi percebendo que abrir suas experiências para o mundo não era simplesmente se vangloriar de feitos. Depois que fizemos o seu diagnóstico, ficou bem claro que estávamos diante de uma pessoa extremamente forte. No seu caso, havia muito o que compartilhar e isso também seria um ato de generosidade com as outras pessoas. Quantas experiências inspiradoras estavam deixando de ser contadas! Quantos aprendizados que poderiam ajudar tantas pessoas não estavam sendo divididos!

Tomando posse da potência de suas histórias e do impacto que elas poderiam causar, Helena foi ficando mais à vontade com a ideia de estar sob os holofotes. Ao final do nosso processo, tivemos a felicidade de vê-la num palco apresentando um evento para 1400 pessoas, com a segurança de quem sabia exatamente por que estava lá e que ocupar aquele espaço era tão genuíno quanto merecido. A partir daí, foi uma sucessão de eventos, lives, entrevistas. Helena é uma mulher inspiradora e manter-se na sombra era privar o mundo de saber que uma líder pode ser extremamente forte e ao mesmo tempo humilde. Aliás, essa força fica mais contundente, porque vem envolta em gentileza.

Outro exemplo é o do Eduardo, que tinha uma batalha interna e diária com a dificuldade de fazer *networking*. Ele sentia um bloqueio que o impedia de se aproximar das pessoas e sofria muito para conseguir um primeiro contato. Isso fez com que acabasse perdendo boas oportunidades em sua área. Seu medo de ser inconveniente também fez com que deixasse alguns projetos na gaveta. Isso o frustrava, porque ele sabia que estava perdendo a chance de viver de maneira mais alinhada com sua essência e de contribuir com o mundo de maneira mais efetiva e impactante.

A necessidade de trabalhar a Marca Pessoal pode bater também quando chega a hora de se despedir do sobrenome empresarial, mas levando consigo a credibilidade e autoridade já construídas dentro de grandes empresas. Como foi o caso de Fernando, um advogado que iniciou a carreira em um escritório de renome. Com 20 anos de atuação, ele construiu uma trajetória sólida e vinha ganhando bastante projeção em sua área. Entendeu que estava na hora de trabalhar seu nome e potencializar seu aprendizado acumulado. O plano era montar um escritório próprio e atuar de maneira mais alinhada com seu estilo, crenças e modo de operar. Ainda que soubesse de seu valor, não conseguia sozinho criar visibilidade. Essa é uma das dores comuns a muitos empreendedores de primeira viagem – e até mesmo a quem já tem um negócio estabelecido. Além dessa, há outras queixas e pedidos que vêm de empresários e profissionais autônomos, como:

- *"Me incomoda a oscilação de quantidade de projetos e não ter um escritório de tamanho compatível com meu currículo."*
- *"Quero poder escolher mais projetos e clientes e ter que ir menos atrás deles."*

- *"Quero que minha empresa seja reconhecida no mercado como confiável, que atende as necessidades dos clientes com presteza, transparência e qualidade técnica."*

- *"Sinto que existe uma confusão entre o meu nome e o nome da minha empresa. Estou há tanto tempo trabalhando no mesmo lugar que não sei se as pessoas sabem onde acaba a organização e começa quem sou eu."*

Nesses casos, os valores da Marca Pessoal migram da pessoa física para a jurídica. Portanto, o processo que começa com autoconhecimento pode ser ampliado para um propósito que vai além de ter uma projeção individual. E ajuda você a levar para o mundo o que ainda está guardado aí dentro de uma forma mais ampliada, fazendo com que isso se torne a base de valores de sua empresa.

Sua Marca Pessoal já existe

Assim como Júlia, Helena, Fernando e Eduardo, você também tem algo especial para mostrar para o mundo. Continuar esperando o momento ideal para começar esse trabalho é um grande equívoco. Isso porque não existe "não estar no mundo". Sua Marca Pessoal já existe – ela vem sendo construída à medida em que você vem atuando.

As pessoas com quem interagimos tiram conclusões sobre nós o tempo todo e formam mentalmente imagens, criam a própria definição sobre quem somos. Elas seguem nos colocando carimbos a partir do que deixamos de impacto nelas, queiramos ou não. Portanto, o tempo todo estamos gerando efeitos que vão construindo a percepção das outras pessoas sobre nós. Não dá para fugir disso.

Se você está menos atuante e visível no mundo do que gostaria, é provável que não venha sendo percebido por aquilo que considera mais relevante, ou seja, por sua Identidade de fato. Então convidamos você para sair do modo angustiante e passar a organizar sua narrativa, escolhendo o que quer evidenciar sobre si, sua trajetória, sua história e seus talentos. Mostrar para o mundo a sua versão mais autêntica é assumir as rédeas da sua narrativa e passar a ser lembrado por aquilo que deseja e valoriza.

Querida Giuliana Tranquilini,

Gostaria de expressar minha sincera gratidão pelo processo de desenvolvimento de marca que realizamos juntos há cerca de dois anos. Durante todo esse tempo, vocês me ajudaram a explorar e celebrar meu fascínio por ideias, a ter mais autoconfiança e respeitar quem sou.

Para mim, uma ideia é muito mais do que um conceito. É uma conexão poderosa que explora a essência dos eventos e fenômenos. É fascinante desenvolver uma ideia simples que explica eventos complexos. O prazer de encontrar conexões entre fenômenos aparentemente não relacionados é algo que me motiva e, sem dúvida, facilita a comunicação com os pacientes e meus pares.

Com a ajuda da equipe da BetaFly, pude enxergar desafios sob uma nova perspectiva, com ideias e processos que vocês trouxeram para o desenvolvimento da minha Marca Pessoal. Vocês me incentivaram a rever, analisar, a olhar sob novos ângulos e a questionar as suposições preexistentes. Essa abordagem permitiu que encontrasse possibilidades inovadoras, a clarear minha visão, ser mais autêntico. Trilhar a jornada com o propósito definido é um passo fundamental para o amadurecimento da carreira.

Mais uma vez, obrigado a você, Giuliana Tranquilini, e à equipe da agência BetaFly por todo o apoio e orientação durante o nosso processo de desenvolvimento de Marca Pessoal.

Carinhosamente,

Dr. Fábio Saito,
Cirurgião Plástico - Fundador da Fábio Saito Cirurgia Plástica

CAPÍTULO 3

O QUE ESTÁ IMPEDINDO VOCÊ DE TRABALHAR SUA MARCA PESSOAL

Vemos muitas pessoas competentes que sentem grande dificuldade em trabalhar sua Marca Pessoal. Em algumas, existe até mesmo um bloqueio, como se isso não fosse para elas. Quando tentamos investigar o motivo que as impede, algumas justificativas são recorrentes. Listamos a seguir as principais e, caso você se identifique com alguma, saiba que não está só – existem maneiras de contornar esses aparentes empecilhos.

"Não sei me vender"

Um dos argumentos mais frequentes de clientes que ainda não começaram a trabalhar sua Marca Pessoal é este: "Estou sentindo que isso é importante, mas, veja bem, eu detesto me vender, não gosto de me expor". Há quem acredite que a melhor estratégia para "ser comprado" passa, necessariamente, por impressionar o outro discorrendo longamente sobre as próprias qualidades. Quem não se sente bem fazendo isso acaba concluindo que não será capaz de fortalecer sua Marca Pessoal.

Aconteceu com Marcos, que sempre se incomodou com o *feedback* de seu chefe, que dizia que ele precisava se vender mais. Ele não concordava e hesitava, embora a empresa incentivasse fortemente os executivos a mostrarem seu trabalho para os níveis mais altos. O resultado disso foi que muitos projetos inovadores que ele liderou só foram ganhar visibilidade cerca de três anos depois da implementação, quando já haviam se tornado mais banais no mercado.

Se você deixa de expor suas realizações porque não quer alugar o ouvido alheio para se vangloriar de vitórias e listar seus predicativos, tudo bem. Cá pra nós, esse tipo de postura é, realmente, bem desagradável. E pode soar arrogante também. Ainda assim, sabemos que muitos chamam isso de "se vender". Pior: essa ideia, infelizmente, foi absorvida pelo mercado e tem dado um nó na cabeça de todo mundo. Quem está "se vendendo", quem gosta de "se vender", não necessariamente está preocupado em estar a serviço do outro. Uma pessoa que apenas "se vende" usa o outro como um instrumento, um veículo para o assunto predileto dela, que geralmente é ela mesma. Essa lógica, na verdade, está a serviço da autopromoção e costuma ser bem cansativa para as suas vítimas.

Caso o seu intuito com a leitura deste livro seja aprender a "se vender", precisamos avisar que talvez você se decepcione. Nós mesmas, Giuliana e Susana, não sabemos fazer isso, nem desejamos aprender ou ensinar, porque não acreditamos que esse tipo de abordagem gere bons resultados a longo prazo. Isso porque não enxergamos pessoas como um produto na prateleira. ==Pessoas não estão à venda. Na verdade, pessoas estão a serviço.== Alguém só tem relevância de fato quando pode oferecer algo que serve ao outro – e não quando o foco central é em si mesmo. Marca Pessoal não é sobre venda, é sobre o que você pode fazer para tornar a existência, a carreira, a vida de alguém melhor. Por exemplo: quando uma pessoa dedica seu tempo a assistir a uma palestra, claro que ela é atraída pelo tema e por quem está palestrando. Mas, no final do dia, ela espera ouvir algo que faça diferença: uma experiência, um aprendizado, uma inspiração. Quer sair da experiência da palestra com algo que torne sua vida melhor.

Então está tudo bem não querer "se vender". Isso não será preciso para trabalhar sua Marca Pessoal. Em vez de pensar numa venda, sugerimos que você passe a refletir desde já sobre os aprendizados que adquiriu ao longo da sua história e em como eles podem impactar a vida de outras pessoas.

Trata-se, portanto, de um exercício de empatia. Ao tirar a luz de si e colocar no outro, compartilhamos trechos da nossa trajetória que são relevantes para os objetivos das outras pessoas. A partir daí, não é preciso mais se vender, pois você se torna relevante e deixa que elas passem a contar a sua história por você. As pessoas enxergam, sim, um trabalho bem-feito. Mas é responsabilidade sua "ajudar o outro a ajudar você". Em outras palavras, sua parte é mostrar aos outros o valor que coloca na mesa. Isso fortalece tremendamente a sua Marca Pessoal.

"Tenho medo do julgamento das pessoas"

Juliana, uma executiva que fez carreira internacional em uma grande empresa petrolífera, foi reconhecida pelo seu sucesso na implementação de sistemas e capacidade de gestão multicultural. Ela sabia que tinha uma vivência importante para compartilhar. Por isso, algumas vezes, chegava a escrever um conteúdo ou outro para *posts* nas redes sociais. No entanto, com ele pronto, hesitava em publicar. Levava semanas e, às vezes, até meses para tomar coragem de postar. Na maioria das vezes, o conteúdo não saía do rascunho, pois Juliana tinha receio de como o seu relato seria interpretado pelo público. Não queria "parecer uma pessoa ridícula querendo se exibir", como nos confidenciou. Além dessa justificativa, há outras tantas que a mente humana cria para se defender do que acredita que vai levá-la a ser alvo de piada ou de qualquer julgamento externo.

O medo da crítica alheia é incrivelmente mais comum do que se possa imaginar. Juliana não conseguia enxergar outra possibilidade a não ser dar vexame. Não via que suas histórias poderiam ser muito apreciadas pelas pessoas. Tampouco percebeu que sua Marca Pessoal tinha um forte atributo de ser cosmopolita, em função de sua vivência global, e isso acrescentava um charme extra a tudo o que ela comentava. Naquele momento, ela ainda não conseguia ver que, em vez de ser ridicularizada, podia ser considerada relevante, interessante.

O medo do julgamento realmente impede muitas pessoas de usarem as redes sociais, bem como outras mídias e oportunidades de exposição, sejam presenciais ou on-line. Mas isso não deve paralisar você. Nossa experiência mostra que esse medo perde força quando temos clareza da intenção de cada conteúdo que será compartilhado. Portanto, responder às perguntas: "A quem se destina esta mensagem?" e "O que eu espero com este conteúdo?" se torna fundamental antes de elaborar algo a ser postado ou dito. Se tem clareza de quem você é e qual é o valor que oferece para seu público, se blinda dos julgamentos externos e segue firme no seu propósito de servir o outro.

Trabalhar sua Marca Pessoal vai ajudar a definir qual recorte da sua vida é relevante para seu público. Quando entender que não é sobre você, mas sobre servir o outro, o medo de ter sua autoestima e sua reputação afetadas desaparece. Isso porque você se ancora na sua missão e entende que o objetivo maior é contribuir com as outras pessoas.

"Preciso me preparar um pouco mais"

Algumas pessoas acreditam que nunca estão no ponto para iniciar um processo de aumento da própria visibilidade. Sim, elas querem trabalhar sua Marca Pessoal, mas impõem a si mesmas uma série de condições para começar. Precisam fazer mais um curso, adquirir mais uma experiência, estar em um trabalho que seja mais parecido com o que gostam, ter um determinado número de clientes... O problema é que o tempo passa e sabe o que acontece? Elas continuam achando que não estão prontas. Em paralelo a isso, a lista de credenciais que consideram necessárias para se lançarem em suas jornadas de Marca Pessoal só ganha mais itens, que elas mesmas colocam.

Identificou-se com essa história? Talvez você também seja uma vítima da síndrome do impostor, um sentimento que nos persegue nos dizendo internamente que somos uma fraude, que chegamos aonde chegamos por sorte, ou porque alguém nos ajudou. Essa sensação impõe uma barreira à exposição, pois faz acreditar que não somos bons o suficiente para nos lançarmos ao mundo. Um sintoma da síndrome do impostor é ter certeza de que, a qualquer momento, alguém vai descobrir que não somos tão competentes quanto nos consideramos. Outro sintoma é achar que o currículo nos define. Muitas pessoas se apegam ao fato de não terem uma trajetória considerada cem por cento "de primeira linha", pois acreditam que só faculdades de prestígio e passagem por empresas renomadas é que as tornam "qualificadas" para ocupar determinados lugares e terem visibilidade.

Foi o que aconteceu com Mariana, empresária de sucesso que herdou um negócio tradicional da sua família – uma fábrica de calçados. Com sua visão inovadora, Mariana transformou completamente o empreendimento, fazendo-o atingir um patamar extremamente robusto, com presença em diversos países e faturamento bastante relevante. Mesmo com toda essa trajetória, ela demonstrava desconforto com a própria narrativa, por não ter criado do zero, mas sim tendo partido de um ponto privilegiado: uma herança. Diante disso, ficou muito clara a importância do foco inicial de um processo de Marca Pessoal ser sobre como organizar a narrativa para si mesma, para depois então compor uma narrativa externa.

Embora diferente, a história de Gustavo o levou a sentimentos parecidos com os de Mariana. Ele não havia tido sucesso em sua primeira tentativa como empreendedor e não percebia que o insucesso inicial era algo que o diferenciava de maneira extremamente positiva, especialmente em ambientes de fomento à inovação, como o Vale do Silício.

O ponto que considerava frágil em sua história era, na verdade, extremamente atraente para a elaboração de uma Marca Pessoal robusta. Sua batalha no começo da vida profissional serviria de estímulo para diversas pessoas que passam por situações parecidas. A questão era fazer as pazes quanto antes com sua narrativa interna e ficar mais confortável em compartilhar sua trajetória, extremamente inspiradora.

Essa percepção de não ser bom ou competente o suficiente para se expor pode ter muitas origens, como uma baixa autoestima que precisa ser trabalhada. Se você se identifica com esse perfil, vale investigar a causa – se possível, com a ajuda de um profissional especializado. Em paralelo a isso, pode começar a trabalhar sua Marca Pessoal. Nossa experiência diz que, provavelmente, você não é uma pessoa tão despreparada quanto imagina. Todos nós temos algo a oferecer para alguém que tenha interesse, precise e entenda o nosso valor.

O curioso é que, em geral, aqueles que se preocupam excessivamente em se preparar já estão mais do que prontos. E poderiam reverberar seu conhecimento, mostrando sua experiência e marcando presença. Só que eles agem com tanta responsabilidade por aquilo que fazem e que entregam ao seu público que nunca se sentem confortáveis o suficiente para se mostrar. Já quem tem uma atitude mais ousada pode não ter essa preocupação e simplesmente vai em frente. A síndrome do impostor não faz parte de sua vida. Ou, se bate o medo, vai com medo mesmo.

Claro que o aprendizado contínuo deve ser uma atitude diante da vida. O conceito de *lifelong learner*, ou seja, ser um eterno aprendiz, veio para ficar. Neste ritmo de evolução que vivemos, é mandatório se aprimorar continuamente. E é justamente por isso que não dá para acreditar que, em algum momento, estaremos cem por cento preparados. Ninguém está. O importante é estar ciente de que não é preciso saber tudo para atrair a atenção das pessoas para a sua Marca Pessoal. Você pode colocá-la em movimento com aquilo que já tem. O dia de começar é sempre hoje.

"Sou uma pessoa introvertida"

Um mito frequente é o de que trabalhar a Marca Pessoal está necessariamente ligado a ser uma pessoa muito expansiva. Os extrovertidos podem ter maior facilidade em se comunicar, mas ser alguém que adora estar no centro das atenções não é mandatório para desenvolver a sua Marca Pessoal. Para quem tem um perfil mais reservado, existem formas de trabalhar sua marca, sem ter que se tornar outra pessoa. Aliás, uma grande parte dos nossos clientes têm perfil introvertido.

Susan Cain, autora do best-seller *O poder dos quietos: como os tímidos e introvertidos podem mudar um mundo que não para de falar*,[1] diz que a sociedade abre espaço para um número bastante limitado de estilos de personalidade. Existe uma crença de que, para sermos bem-sucedidos, temos de ser ousados e que, para sermos felizes, temos de ser sociáveis. Ela denomina esse sistema de Ideal da Extroversão, que nos faz admirar as pessoas que adoram estar no centro das atenções. Segundo esse ideal, a introversão, com suas características correlatas como sensibilidade, seriedade e timidez é, por vezes, considerada um traço de personalidade de segunda classe – o que é um equívoco. Pessoas mais fechadas são geralmente mais verticais em seus temas, ou seja, se aprofundam mais e, portanto, têm uma grande riqueza de repertório para oferecer ao mundo. Este é o caminho para trabalhar sua Marca Pessoal tendo uma personalidade introvertida: menos conexões, mas mais profundas.

"Não tenho um diferencial relevante como profissional"

Se você acha que ninguém vai se interessar por seu conteúdo, não está só. Ouvimos com certa frequência essa justificativa para não trabalhar a Marca Pessoal. Normalmente, esse tipo de conclusão costuma vir de pessoas cujas trajetórias geralmente estão repletas de conquistas, resultados e superações. Quando colocamos uma lupa em suas histórias e experiências, geralmente descortinamos episódios fantásticos, dignos de uma série de tevê. Chega a ser intrigante como indivíduos com vivências tão ricas podem concluir que não têm absolutamente nada de extraordinário para contar. Isadora tinha essa visão sobre si e foi por isso que nos procurou. Como facilitadora em processos de inovação, é uma pessoa com muita criatividade. Ela tem habilidade de olhar para uma situação complexa e propor algo simples para ajudar as pessoas a se organizarem. Por isso, já havia desenvolvido algumas metodologias inéditas de facilitação de grupos e desenvolvimento de processos de inovação e aplicado com excelentes resultados. Ela desejava entender como poderia combinar todas as suas experiências e competências para criar algo único e valioso para as pessoas. Seu objetivo era criar uma proposta de valor como facilitadora e ter mais clareza sobre a importância das suas expertises para seus públicos e, assim, construir autoridade em algum tema que genuinamente já dominasse. O processo de Marca Pessoal a ajudou a estruturar um fio condutor para sua mensagem, que é um conceito sobre o qual falaremos adiante. Além disso, criou um modelo de negócio B2B para vender sua expertise em criar metodologias.

Em outros casos, são episódios de insucesso da jornada profissional que fazem a pessoa chegar erroneamente à conclusão de que deixou de ser boa o suficiente para ocupar o lugar no qual deseja estar. Isso pode acontecer, por exemplo, após uma demissão repentina. No momento em que a autoestima está profundamente abalada, fica difícil enxergar perspectivas promissoras. Algumas pessoas superam essa fase, mas há quem não consiga mais virar a chave, especialmente quando a recolocação demora.

A insegurança sobre a própria capacidade também pode ser um sentimento que vai se acentuando em doses homeopáticas, conforme vamos nos tornando mais executores e nos distanciando de nossa essência e de nosso propósito. Esse processo fica mais doloroso quando a mente produz uma avalanche de autocríticas. Temos clientes que acreditam tanto na avaliação negativa que fazem de si mesmos que têm lutado para conseguir se ver como os outros os veem. Chegam a ponto de ouvirem muitos elogios, mas sentem como se não fosse com eles. Nesses casos, um processo estruturado de Marca Pessoal ajuda muito no reencontro com a própria verdade, pois conduz a pessoa, passo a passo, a reencontrar seu potencial, enxergar o seu valor e se apropriar dele.

"Pessoas com a minha senioridade não precisam"

Amadurecer é inevitável e manter-se em movimento buscando a evolução contínua é uma atitude. Consideramos muito limitante a ideia de que ter alguma idade, "X" anos de experiência ou ter atingido certa senioridade na carreira, seja razão para não trabalhar sua Marca Pessoal. Pelo contrário, vemos apenas benefícios. Pessoas não são como marcas de produtos, que dependem de muitos processos para mudar de rumo. Ser humano implica dormir e acordar, a cada dia, um pouquinho diferente do anterior, um pouquinho melhor. Estamos em contínuo desenvolvimento. Você conhece alguém que já chegou ao ápice daquilo que poderia chegar? Ou que esteja pronto, acabado e não tenha absolutamente mais nada para aprender? Gostamos muito de uma frase que diz: "Hoje melhor do que ontem, amanhã melhor do que hoje", inspirada na metodologia japonesa Kaizen, de melhoria contínua.

Um exemplo de que a idade não impede ninguém de trabalhar a Marca Pessoal é o nosso cliente dr. Marcelo, 72 anos, médico anestesista. Ele nos procurou pois, durante a pandemia, foi forçado a sair da sala de cirurgia. dr. Marcelo não tinha intenção de se aposentar naquele momento, mas foi considerado uma pessoa do grupo de risco por sua idade. A situação antecipou seu plano e ele precisou encontrar um novo caminho para se manter ativo e colocar sua marca a serviço em outro formato que não fosse mais nas salas de cirurgia.

Sem ter ideia de qual seria o novo empreendimento, nos procurou para ajudá-lo no processo. Dr. Marcelo é um médico ativo, curioso, inquieto, inovador, à frente do seu tempo e, ainda, um apaixonado por esportes de aventura. Em seu histórico profissional, tem feitos relevantes e pioneiros para a medicina no Brasil.

Sua jornada foi um processo lindo e surpreendente! Dr. Marcelo se redescobriu em muitos aspectos para poder traçar uma nova avenida com sua versão empreendedora. Seu objetivo ficou mais claro ao longo do processo: desenvolver um programa para capacitar médicos a se prepararem para o "novo futuro" da Medicina. Nesse processo, ampliou seu *networking*, se aproximando de jovens médicos empreendedores criadores de *startups* e participou de um *hackathon*, maratona de programação que reúne programadores, designers e outros profissionais ligados ao desenvolvimento de projetos de software ou até mesmo de hardware. Além disso, se conectou com organizações e grupos de médicos para dar aulas, palestras e assumir a cadeira de conselheiro em algumas *startups*. Durante sua jornada, organizou sua narrativa, se apropriando dos seus talentos como empreendedor. Tudo isso contribuiu para fortalecer a Marca Pessoal e o legado que vai deixar no mercado.

Vivemos num eterno *rebranding*. A cada dia vamos adicionando novas camadas na nossa história. A neuroplasticidade do cérebro é a prova de que podemos seguir em evolução contínua. Em seu livro *Soft-Wired: How the New Science of Brain Plasticity Can Change Your Life*,[*2] dr. Michael Merzenich levanta 10 fundamentos da neuroplasticidade – e dois deles sustentam a importância de perseverar: quanto mais você tentar e mais estiver motivado e alerta, maior é a mudança do seu cérebro. Quanto mais focado seu cérebro está, mais longe você chegará. Portanto, tenha força de vontade. E lembre-se de que as mudanças iniciais são temporárias. Para tornar uma mudança definitiva, seu cérebro precisa julgar se realmente essa ação lhe traz alguma vantagem e, então, tornará aquele padrão permanente. Então insista!

Eu, Susana, vivi um dos momentos mais marcantes da minha vida em 2022: presenciar minha mãe, Nawal, defendendo um mestrado. Aos 72 anos. Algumas semanas depois era eu quem me formava, como conselheira, aos 52 anos, pela Saint Paul Escola de Negócios, Programa ABP-W. Quando decidi fazer um único *post* contando sobre essas duas conquistas, não imaginava a quantidade de elogios que receberíamos à nossa paixão pelo aprendizado, em um engajamento significativo para a minha rede. O que fiz com a intenção de homenagear a minha mãe, acabou me chamando atenção sobre o quanto é mesmo relevante falarmos sobre *lifelong learning*, ainda mais considerando as perspectivas de aumento da longevidade.

---

* Em tradução livre para o português, *Adaptável: como a nova ciência da plasticidade cerebral pode mudar sua vida*.

Para fazer algumas coisas, de fato, há uma idade mais propícia. Mas, para muitas outras, as supostas limitações são, na verdade, mitos. Como diferenciar uma da outra? Geralmente, testando. E o trabalho com a sua Marca Pessoal certamente ajudará a encontrar essas respostas.

"Não sou celebridade"

Pode ser que você não tenha a menor intenção de se tornar uma pessoa famosa e, por isso, ainda não começou a trabalhar sua Marca Pessoal. Mas não são apenas aqueles que desejam ser celebridades que se beneficiam de um processo desse tipo. Aliás, nem é preciso desejar fama para colocar esse esforço como uma das prioridades em sua carreira.

Pessoas em ocupações tradicionais podem – e devem – compartilhar sua experiência e seu valor. Ter uma Marca Pessoal não implica, necessariamente, subir em um palco ou ter milhões de seguidores. É sobre estar visível para o seu público de interesse, que pode ser um grupo de qualquer tamanho, mas que vai se beneficiar do que você faz, sabe e fala. Não é sobre obter popularidade, mas sim notoriedade. É uma espécie de fama seletiva, no ambiente para o qual você faz diferença. É manter seu nome na mente de quem faz parte do seu meio profissional, e ser uma pessoa lembrada e convidada para projetos, ter reconhecimento, ser valorizada.

Carolina fez uma carreira brilhante e já estava na posição de CEO quando nos procurou. Por um bom tempo, ela não se preocupou em dar visibilidade para suas conquistas. Como não é uma pessoa de palco, mantinha seu estilo discreto. A necessidade de fortalecer sua Marca Pessoal surgiu quando se deu conta de que, apesar de conhecida no seu segmento de atuação e ter uma senioridade profissional, ela não tinha uma visibilidade no mercado compatível com a sua trajetória. Isso não era favorável ao seu plano de carreira, que consistia em reequilibrar a sua agenda, saindo do operacional e partindo para algo mais inspiracional. Este não foi um trabalho fácil. Algumas fichas duras precisaram cair para ela como, por exemplo, a de assumir a responsabilidade em se tornar uma inspiração como ela desejava e ficar mais visível para o mundo. Superada essa etapa, Carolina tomou para si o protagonismo, passou a evidenciar sua Marca Pessoal para temas mais associados à influência e uma nova oportunidade surgiu, totalmente alinhada com as suas expectativas.

"Não preciso trabalhar minha marca. Se eu fizer meu trabalho bem-feito, o reconhecimento virá"

Muita gente acha que é uma bobagem pensar em Marca Pessoal, porque cresceu ouvindo conselhos como: "Fique quieto, faça seu trabalho que você será valorizado por isso". Existe uma crença de que o bom profissional não precisa se preocupar em aparecer, porque seu trabalho será o suficiente para colocá-lo em destaque. Isso tem origem na expectativa que as pessoas nutrem de que a vida seja justa: coisas ruins só acontecem a pessoas más; coisas boas acontecem com pessoas boas. Existe inclusive uma teoria, sistematizada pelo filósofo Melvin J. Lerner, denominada de crença em um mundo justo (*Belief in a Just World*), que consiste na suposição de que o indivíduo recebe o que merece e merece o que recebe.

Lerner afirma que, na prática, o mundo não é justo como gostaríamos. Pessoas que se esforçam, muitas vezes, obtêm o reconhecimento que merecem, mas nem sempre. Pessoas com pouco mérito algumas vezes superam os demais na conquista de oportunidades. Então não é óbvio concluir que apenas fazendo o seu trabalho você terá a validação do seu esforço. Isso tem ficado ainda mais claro num mundo em que as pessoas estão cada vez mais vocais. Quem fala do seu trabalho e mostra o que faz é mais visto e mais valorizado, ainda que não seja o melhor naquilo. E os melhores não são necessariamente vistos. Então, por mais que você seja um profissional excelente, é importante que também seja responsável por dar visibilidade ao seu trabalho.

"Não quero expor minha vida íntima"

"Você precisa humanizar a sua marca e, para isso, tem que mostrar sua vida pessoal." Talvez já tenha ouvido essa frase, afinal, ela é exaustivamente repetida por certos gurus do marketing digital. Pode valer para alguns tipos de negócio, mas, definitivamente, não é verdade para todo mundo. A argumentação para usar o recurso da vida pessoal pode ser que esse tipo de conteúdo, nos quais a intimidade é exposta, atrai uma atenção enorme, especialmente os tão desejados "*likes*" nas redes sociais (se assim não fosse, programas como *Big Brother* não teriam a expressividade numérica que têm). Mas estar muito visível não significa necessariamente construir os atributos que se deseja para uma Marca Pessoal. Essa atração que vem mais pela curiosidade humana do que pela troca de valor é favorável a categorias profissionais que se sustentam por uma sucessão de *buzz* e que precisam desse efeito para se manter nos holofotes.

O fato de muitas pessoas terem curtido, comentado e compartilhado uma postagem não significa necessariamente que se está tendo uma construção positiva, que faça sentido para a estratégia de Marca Pessoal.

Perdemos a conta da quantidade de pessoas que nos procuram e perguntam explicitamente se é possível fazer um trabalho de marca sem uma exposição na qual se sintam invadidas. Essa preocupação é mais do que legítima e, sim, existem outras formas de humanizar sua marca. Já adiantamos que escolher alguns recortes da sua vida pessoal para compartilhar é diferente de compartilhar a vida íntima, como veremos adiante, quando falarmos sobre comunicação.

"Já investi muito na minha marca atual"

Quando aprendemos algo novo sobre nós mesmos, ou ressignificamos o que já sabíamos, podemos sentir vontade de nos mostrarmos ao mundo segundo esse novo ângulo. Mas, algumas vezes, travamos essa mudança pelo forte apego ao que construímos até então. Vale a pena abandonar um posicionamento consolidado e investir em comunicar uma mudança? Há um conceito chamado *sank* ("naufragado", na tradução para o português), usado no mercado financeiro e que podemos adaptar para a Marca Pessoal. No mercado financeiro, esse termo é usado, por exemplo, quando você compra uma ação e o valor dela despenca. Nesse caso, algumas vezes pode não fazer sentido ficar se apegando ao valor que você investiu, mas sim avaliar se não seria melhor vender e evitar, assim, perder ainda mais. No caso da Marca Pessoal, quando algo em que você se empenhou não faz mais sentido para quem você se tornou hoje, continuar insistindo pode significar perder um tempo valioso. Honrando sempre toda a sua trajetória, é importante entender que agora é hora de investir em comunicar aquilo que faz de você quem é hoje. Portanto, fará mais sentido trabalhar sua Marca Pessoal com foco no futuro que deseja construir para si.

Lara é uma consultora cuja empresa nasceu quase como uma extensão da sua vida corporativa. Sua experiência em planejamento estratégico em grandes empresas a levou naturalmente a atuar nessa área prestando consultoria e a ser procurada por esta expertise. Ao decidir dar uma enorme guinada em sua carreira e estudar Nutrição, ela recebeu muitos questionamentos: "Mas você vai abandonar tudo que construiu até aqui? Vai começar de novo, do zero?". Além da insegurança de saber que teria que abrir mão de uma receita recorrente, vinda de projetos pela sua expertise consolidada, e ter que investir fortemente numa nova área, ela ainda estava lidando com a pressão social gerada por sua escolha.

Lara, no entanto, estava decidida e, fazendo um malabarismo financeiro para terminar o novo curso, tomou a decisão que consideramos a mais acertada: começou a trabalhar seu novo posicionamento desde o primeiro dia de faculdade, compartilhando conteúdos sobre a sua jornada. Resultado? Lara se formou já com fila de espera em seu consultório. Não estamos dizendo que é fácil dar essa guinada. O que nos chama atenção é a autoconfiança que lhe deu foco para a construção de uma mensagem robusta.

Desapego, portanto, nos parece uma palavra muito boa para traduzir o conceito do *sank*. Reavalie de tempos em tempos se tudo o que você já investiu até aqui ainda ecoa na sua mente e no seu coração. E dê o próximo passo da sua marca olhando para a frente, para o futuro e os objetivos que deseja conquistar.

Meu processo de Marca Pessoal, conduzido pela BetaFly, foi uma jornada interior extraordinária. Eu sinceramente nunca pensei que seria capaz de extrair tanto valor da minha persona, e só tenho a agradecer a paciência, perseverança, generosidade e compreensão de Susana. Ela navega e se aprofunda na sua personalidade por meio de questões muito instigantes para extrair o nosso melhor, ampliando a autoconsciência e afastando medos que possamos ter em expressar nossa própria marca.

Bastante perspicaz em sua técnica, ela sempre vai além do que se espera, por intermédio de etapas muito bem encadeadas, para que não se perca o foco em identificar a essência da sua marca. É brilhante como ela coloca todos os conceitos de branding na mesa. O resultado é uma excelente direção da sua marca, sem perceber. Isso com um ótimo suporte da equipe para tornar a vida mais conveniente durante todo o processo.

Jaime Castromil,
COO Latin America - Deutsche Bank

CAPÍTULO 4

DA MARCA CORPORATIVA À MARCA PESSOAL

A origem da palavra *Brand* não poderia deixar mais claro o que representa uma marca. "*Brand*" tem origem no antigo nórdico "*brandr*", que significa "tocha" ou "fogo". O termo foi gradualmente adaptado para o inglês antigo como "*brand*", que também se referia a uma tocha, mas adquiriu mais um significado: o de uma marca feita com ferro quente em animais, usada para identificar a propriedade ou a sua origem. Portanto, "*brand*" também se refere ao ferro de marcar gado – e as primeiras marcas das quais se têm conhecimento na história nasceram dessa necessidade: deixar marcada a origem dos produtos a fim de atestar a sua qualidade. Quando se começou a falar em *Branding* como uma disciplina, os autores se referiam a esse indício que fica como algo contundente; que, literalmente, "marca". Por isso, permanece na lembrança.

Um dos maiores autores sobre este tema, Jean-Noël Kapferer, dizia que "marca é um nome que influencia os consumidores".[3] Essa ideia tinha um cunho absolutamente comercial, considerando que um consumidor valoriza, prefere e até paga mais por um produto de uma marca com mais renome. Daí também surgiu o conceito de que uma marca forte permite um posicionamento diferenciado no mercado e, portanto, tem um valor financeiro. Isso é o que passou a ser chamado de *brand equity* = valor da marca. Portanto, a marca é um ativo intangível de muito valor.

Existem várias definições sobre o que é marca e nenhuma delas sozinha é completa o suficiente para dar conta de explicar um assunto que tem uma carga de subjetividade tão alta. Essa subjetividade acontece porque uma marca é composta por um conjunto de fatores que, juntos, constroem uma **conexão** com o público com o qual ela interage. Eles podem ser visuais como embalagem, cores, design e ativar outros sentidos, tendo componentes como cheiro, ambiente e decoração. Somado a tudo isso, há o principal elemento formador de uma marca, a experiência do público com ela – isso é o que vai impactar fortemente o valor que ela entrega.

Toda experiência gera uma **percepção**. A percepção, por sua vez, gera uma **expectativa futura**. Por isso, uma marca também carrega uma promessa implícita de que as próximas interações com ela serão parecidas com as experiências passadas. Sendo assim, o que constrói uma marca forte é uma sucessão de experiências que as pessoas têm com essa marca, ao longo do tempo, de modo consistente. Pense num produto qualquer: um vinho, por exemplo. Se uma vinícola tem tradição de fazer bons vinhos, mesmo que cada safra apresente a sua particularidade, os apreciadores daquela marca se acostumam com um determinado padrão e passam a esperar que os próximos vinhos da vinícola também sejam bons. Essa expectativa foi formada pelas características dos vinhos já produzidos pela vinícola.

Essas características são chamadas de **atributos de marca**, que são adjetivos que associamos a uma marca, seja ela de pessoa, de produto, de serviço. No caso do vinho, por exemplo, poderíamos dizer que ele é "encorpado", "elegante", assim como podemos falar que um determinado aparelho de celular é "*cool*"; um hotel é "aconchegante"; uma cidade é "vibrante" e aquele médico tem uma equipe "atenciosa".

Quando eu, Giuliana, tive a oportunidade de trabalhar com a marca Havaianas, pude vivenciar esse cuidado em fazer com que a experiência que uma marca oferece reforce os seus atributos. A loja conceito das Havaianas, na rua Oscar Freire, em São Paulo, representa uma experiência de marca que vai além da simples venda de chinelo e demais produtos. Ali é possível "sentir" e "experimentar" todos os atributos da marca. A loja é uma **representação física da marca**, um ambiente que engaja e conecta os consumidores a todos os atributos de Havaianas. Logo na entrada, você já é impactado por um painel gigante e colorido e sente um aroma agradável no ar, desenvolvido exclusivamente para a loja. O uniforme dos vendedores foi criado para transmitir descontração, leveza e conforto. O perfil dos vendedores contratados tem o intuito de mostrar a brasilidade em todas as suas formas. O ambiente amplo, iluminado, com muitas plantas tropicais e barracas de feira para expor os chinelos, cria uma atmosfera alegre e despojada embalada pela música brasileira tocada num volume agradável. A experiência de poder customizar o chinelo reforça outro atributo da marca, que é o de ser democrática: para todos e para todos os gostos. Impossível não ser impactado pelos atributos da marca, mesmo implicitamente, ao visitar a loja.

A expectativa futura de uma marca também pode vir por associação. Quando entramos em um restaurante, por exemplo, os códigos de comunicação utilizados pelo estabelecimento – decoração, atendimento música, iluminação... – automaticamente colocam a nossa expectativa em um determinado patamar. Perceba que essa expectativa acaba se formando de maneira implícita. Somente o fato de estarmos envolvidos em um tipo de ambiente já faz com que ela comece a se formar em nossa mente. Nesse caso, o restaurante pode não ter prometido nada explicitamente, mas a pessoa já imagina o que esperar pelos sinais dados pelos atributos de marca. Essa expectativa fica ainda mais reforçada quando a pessoa já teve uma experiência com produtos e serviços que tenham propostas similares e atributos parecidos.

Se formos comer um sanduíche em um *food truck*, não vamos esperar que a entrega seja uma experiência gastronômica com o mesmo requinte de um restaurante sofisticado, mas sim algo com atributos similares aos esperados da categoria "comida de rua". E a experiência pode ser muito satisfatória dentro dessa outra expectativa. Agora, o que será decisivo para fortalecer uma marca é a sua entrega, sua performance. Se um estabelecimento comunicar algo e o cliente tiver uma experiência diferente, temos três cenários possíveis:

1. **A entrega corresponder à expectativa criada** – o que vai confirmar aquele atributo da marca;

2. **A entrega surpreender positivamente, sendo melhor do que o esperado** – o que vai potencializar o atributo;

3. **A entrega ficar aquém do desejado** – o que vai modificar o atributo para um nível inferior de expectativa.

Para formar uma reputação positiva construída com base na experiência, é importante ter uma estratégia, independentemente da natureza da marca – seja ela de um produto, um serviço ou uma pessoa. E essa estratégia não deve ficar no papel, mas ser implementada de modo consistente em todos os pontos de contato da marca com seus públicos. Essa sucessão de interações, de maneira consistente, vai formar os atributos e gerar a experiência que formará a reputação. Você sabe quais são os atributos que vêm imediatamente à mente das pessoas quando ouvem o seu nome?

O surgimento da Marca Pessoal

Um paralelo entre conceitos de marcas em geral e marcas pessoais é resultado de uma evolução no pensamento sobre Marketing e *Branding*, que começou a ser aplicado a pessoas ao longo do século XX. Não há uma pessoa específica a quem possamos creditar a criação do conceito de Marca Pessoal. Embora Al Ries e Jack Trout tenham introduzido a ideia de posicionar sua Identidade pessoal e profissional no livro *Positioning: The Battle for Your Mind*,*[4] de 1981, a origem do conceito de Marca Pessoal é frequentemente atribuída a Tom Peters. Quando publicou, em outubro de 1997, seu artigo emblemático batizado de *The Brand Called You*,**[5] na revista *Fast Company*, Peters capturou essa tendência e a sintetizou de modo brilhante, revolucionando a maneira de enxergarmos o nosso espaço no ambiente dos negócios. Ele afirmou que devemos assumir nossa posição como CEOs da nossa própria empresa, a que chama de "Eu Ltda", e que a tarefa mais importante de cada profissional é "ser o CEO" da própria marca.

Por entender que vivemos uma época na qual os indivíduos podem ocupar o centro do palco, com marcas corporativas, consideramos que esse artigo permanece cem por cento atual e inspira a todos que trabalham com o tema.

> ❝ A TAREFA MAIS IMPORTANTE DE CADA PROFISSIONAL É 'SER O CEO' DA SUA PRÓPRIA MARCA.❞
>
> Tom Peters

---

* Em livre tradução para o português, *Posicionamento: a guerra para sua mente*.

** Em livre tradução para o português, *A marca chamada você*.

Em seu livro *The Brand You 50 (Reinventing Work): Fifty Ways to Transform Yourself from a 'Employee' into a Brand That Shouts Distinction, Commitment e Passion* (1999),*⁶ Peters volta a esse tema, apontando que o modelo funcionário para uma empresa estaria ficando ultrapassado. Ele considerava, já naquela época, imprescindível que cada pessoa se posicionasse como a própria "marca", considerando como agregar valor à empresa usando seu conjunto específico de habilidades e atualizando-se continuamente.

Daniel Goleman, em seu clássico livro *Inteligência emocional* (1995) também abordou o tema, afirmando: "Quando você dedica um tempo para buscar respostas e definir o que o torna uma pessoa única, não apenas será capaz de construir uma Marca Pessoal forte, mas também aumentará seu nível de autoconsciência. E isso é fundamental para viver uma vida plena". ⁷

Uma observação: é comum encontrarmos os termos em inglês para descrever tudo isso que acabamos de explicar. Por isso, você poderá ouvir ou ler a expressão "*Personal Branding*" sendo usada para designar o processo de gerir a própria marca.

Nós optamos por usar a grafia em português, para tornar o texto mais acessível. Mas a vantagem inegável do inglês é indicar algo que se perpetua. Como a terminação *ing* corresponde ao gerúndio em inglês, a palavra *Branding* em português significaria algo como "gerindo a marca", indicando algo que segue um fluxo contínuo. Esse conceito é interessante pelo fato de a gestão da marca se tratar de uma **construção** que vai acontecendo com o tempo. Não é algo feito pontualmente, mas

---

* Em livre tradução para o português, *A marca você 50 (reinventando o trabalho): cinquenta maneiras de transformar-se de 'funcionário' em uma marca que grita distinção, compromisso e paixão.*

sim um processo. Gostamos disso também porque a ideia desse fluxo se conecta com a crença profunda que temos de que estar vivo é estar em movimento e continuamente nos aprimorando.

Em síntese, todos os conceitos que descrevemos anteriormente sobre marcas se aplicam à sua Marca Pessoal. Absolutamente todos.

Marca Pessoal é, portanto, o resultado da maneira como você se apresenta ao mundo e como é percebido pelos outros quando se coloca em ação. A partir do contato inicial, as pessoas já formam mentalmente uma primeira impressão, baseada nas informações que você transmite, voluntária ou involuntariamente e, assim, se forma uma promessa implícita. Atributos de uma Marca Pessoal podem ser adjetivos como, por exemplo, "competente", "perspicaz", "gentil" e assim sucessivamente. Vemos isso claramente quando alguém nos recomenda um profissional. Digamos que uma amiga conte para a outra: "A dra. Marcela é cuidadosa, atenciosa, explica cada procedimento e o porquê do uso de cada produto, na ordem e quantidade correta, muito boa médica". A tendência é que a amiga que recebeu a indicação vá ao consultório na expectativa de ter a mesma experiência – ou ainda melhor. Se a dra. Marcela consegue sustentar essa entrega de atenção e cuidado, e ainda surpreende um pouco mais a cada experiência, ela reforça seus atributos de marca, que vão ficar na mente dos pacientes, clientes e de sua equipe.

Por isso, sempre insistimos que a percepção se forma em todos os pontos de contato que o público tem com sua Marca Pessoal e não necessariamente apenas quando tem a sua presença, quando está interagindo com você. No exemplo da dra. Marcela, é fundamental que ela sustente a percepção positiva em qualquer interação com o paciente. Como ele é recebido no consultório, como percebe os aspectos sensoriais do ambiente, como o perfume, a iluminação, a decoração, as cores e até uma mensagem de WhatsApp com o paciente é capaz de reforçar cada atributo da marca.

Nossa ação é uma resultante de tudo o que compõe quem somos – Identidade, valores, habilidades e experiências. Quando temos esses elementos mentalmente organizados numa estratégia definida, eles podem se tornam atributos de marca que fortalecem nossa Marca Pessoal de maneira positiva. Isso nos coloca no caminho de sermos percebidos por aquilo que somos e da forma como desejamos. Por isso, é tão importante entender, priorizar e potencializar seus atributos de marca para comunicá-los de modo coerente e consistente.

O desafio de construir uma Marca Pessoal memorável

Temos pouco espaço de memória recente para a enorme quantidade de informações que acumulamos, ainda mais em um mundo com overdose de dados, novidades e uma enxurrada de impactos que nos avassala. Portanto, poucas vezes conseguimos memorizar o histórico completo da vida alheia. Não é à toa que nos esquecemos de boa parte do que ouvimos, mesmo quando achamos o conteúdo muito interessante. Some a isso o fato de que, na maior parte do tempo, cada ser humano está dando conta de armazenar os dados que dizem respeito à própria existência e que lhe garantam a sobrevivência. As pessoas passam o dia pensando nos próprios problemas, desejos, ambições. Portanto, no que diz respeito à sua Marca Pessoal, são pequenas as chances de as pessoas manterem frescos em suas mentes os detalhes dos seus anos de vida profissional, a explicação de onde vêm todas as suas experiências, as minúcias de como se preparou para estar ali diante delas, dando uma palestra ou falando em uma reunião... Nada disso está facilmente acessível na memória dos outros como está para você.

> **VOCÊ NÃO PODE SOBREVIVER NO MERCADO SE NÃO ESTIVER NA MENTE DAS PESSOAS."**
>
> Carmen Simon

Então como manter os melhores atributos da sua Marca Pessoal vivos na mente das pessoas?

Carmen Simon, uma especialista em Neurociência Cognitiva, da Califórnia, passou a última década tentando aprimorar a resposta para esta questão. Ela contribui com grandes empresas para desenvolver suas diretrizes de comunicação, com estratégias baseadas na ciência, que podem influenciar a memória do consumidor sobre uma mensagem. Uma de suas frases diz: "você não pode sobreviver no mercado se não estiver na mente das pessoas".[8] Carmen é fascinada por estudar a memória e, por mais que faça isso há muito tempo, ainda se surpreende com a rapidez com que o cérebro humano esquece. Isso acontece porque ele foi moldado para economizar energia e faz isso esquecendo informações consideradas desnecessárias, ou já incorporadas. Então como aumentar a chance de sermos lembrados?

Eu, Giuliana, tive o prazer de participar de uma aula da Carmen aqui na Califórnia, na qual ela explicou, tendo como base seus anos de estudo no campo da neurociência, que o nosso cérebro apenas registra informações relevantes que acessam nossas emoções, sensações e experiências. Quanto mais um conteúdo ativa as emoções, mais ele tende a ser gravado na mente. É exatamente assim que uma marca se fixa na mente das pessoas: por meio das percepções geradas a cada experiência. Por isso, são as entregas, serviços, produtos, experiências que vão tornar você relevante. E cabe a você direcionar esse conteúdo para como deseja ser lembrado.

Uma frase atribuída a Maya Angelou diz que "As pessoas se esquecerão do que você disse, as pessoas se esquecerão do que você fez. Mas elas nunca esquecerão como você as fez sentir". Podemos dizer, então, que os outros guardam sobre você basicamente aquilo que conectou com alguma emoção, o que consideraram mais relevante, ou ambos, na experiência que tiveram. Os atributos que as pessoas lhe outorgam são fruto da conclusão que tiraram sobre a qualidade do que você apresentou, somado a como as fez sentir: e é isso que vai ser a memória residual sobre a sua Marca Pessoal. Esse resumo define você na mente da outra pessoa e facilita as decisões que ela vai tomar daí em diante em relação ao que oferece.

> "AS PESSOAS SE ESQUECERÃO DO QUE VOCÊ DISSE, AS PESSOAS SE ESQUECERÃO DO QUE VOCÊ FEZ. MAS ELAS NUNCA ESQUECERÃO COMO VOCÊ AS FEZ SENTIR."
>
> Maya Angelou

Por isso, dizemos que marcas são atalhos que o cérebro busca para não ter que reavaliar aquela pessoa a cada interação. Fazendo uma comparação com algo que nos acontece no dia a dia: imagine que você está no supermercado e precisa comprar um produto qualquer. Pense naquela prateleira lotada de produtos de todos os tipos. Como escolher? Dificilmente vai querer ler os rótulos um por um e entender, no detalhe, a diferença entre eles. Geralmente, a primeira coisa que fazemos é buscar marcas conhecidas, nomes que nos dão a segurança de que aquele produto será bom.

É isso que queremos dizer com "atalhos": nomes conhecidos que nos dão a certeza de estarmos fazendo uma escolha segura. Se pensamos assim para comprar um produto trivial, imagine quando estamos falando de contratar uma pessoa para nos ajudar com algo mais complexo. É importante lembrar que tudo o que acontece com certa frequência reforça um gatilho mental chamado "viés de confirmação", fazendo com que as pessoas criem uma expectativa de que aquilo vai se repetir. E passam a buscar sinais que confirmem a sua expectativa.

Funciona assim:

1. Uma pessoa se comporta de determinada maneira constantemente e, assim, forma na mente das outras pessoas uma imagem sobre ela;

2. Essa hipótese se dissemina e as pessoas passam a buscar evidências que confirmem a hipótese;

3. Mesmo que os fatos que confirmem essa hipótese sejam poucos, as pessoas se agarram a eles, pois é mais confortável mentalmente confirmar algo conhecido do que elaborar algo novo. As pessoas buscam os atalhos mentais que confirmam as suas crenças. Marca é um atalho. Qualquer marca. Exemplos: "Esse homem é sofisticado", "essa roupa tem qualidade", "essa equipe é competente", "este hotel tem um bom serviço";

4. Qualquer sinal que confirme a percepção que temos vira uma "prova", reforçando mentalmente nossa tese.

Trabalhar os atributos da sua Marca Pessoal é facilitar a vida da outra pessoa para que ela guarde na memória tudo o que você pode agregar na vida dela. É quase como colocar na boca dos outros os principais aspectos pelos quais gostaria que seu nome fosse lembrado. Daí as famosas frases "me ajuda a me lembrar de você". Ou, "facilite a escolha por você". Ou, ainda: "Me lembre que você existe, me lembre daquilo que pode fazer por mim". O objetivo é que você crie confiança sobre aquilo que se pode esperar sobre o seu trabalho. E quando as pessoas estiverem diante de uma escolha, o seu nome soe familiar, confortável, seguro.

Marca Pessoal é sobre conexão e confiança

Se, conceitualmente, os princípios que usamos para trabalhar marcas empresariais e Marcas Pessoais são muito semelhantes, a forma de fazer a gestão de Marcas Pessoais é um pouco mais específica. Isso porque estamos falando de seres humanos e não de empresas, produtos ou serviços. As relações que estabelecemos de pessoa para pessoa têm um significado mais sutil e mais profundo. Por isso, ao pensarmos em Marca Pessoal, podemos dizer que marca é um nome que gera conexão e confiança.

Em quase toda relação profissional a confiança é formada por meio da consistência e da autenticidade nas interações, mas também por meio das suas habilidades e competências, além do resultado que entrega. Quando você atua de modo coerente e autêntico, seus atributos de marca são transmitidos com mais verdade, e isso vai gerar mais confiança no seu público. Da mesma forma, aquilo que você se propõe a entregar gera uma conexão com as pessoas, que pode vir pela afinidade de ideias, de propósitos, pelas emoções que sua experiência de marca é capaz de proporcionar, ou simplesmente pelo problema que resolve.

Um médico com um nome forte tem uma agenda cheia, independentemente do valor que cobra pelos seus serviços. Uma executiva de prestígio recebe ofertas para cargos relevantes em empresas de destaque. Uma Marca Pessoal forte influencia as pessoas a tomarem decisões, a confiarem em seus serviços, a se motivarem a trabalhar em uma determinada equipe ou projeto. A compra de uma ideia, produto ou projeto acontece pela confiança e conexão transmitidas pela Marca Pessoal. Isso acontece com todos nós, certo? Raramente vamos decidir fechar um negócio sem ter esse elo de confiança.

Quando trabalhamos na Natura, pudemos vivenciar esse conceito de perto. No coração do negócio, estavam milhares de consultoras que, sem que soubéssemos, nos ensinavam os princípios básicos da gestão de Marca Pessoal. Se todas vendiam o mesmo produto, por que o cliente comprava de uma e não da outra? A chamada "venda por relações" tem esse conceito no seu centro: ao estabelecer uma relação de confiança com seus clientes, a consultora Natura cativa seu público com sua forma particular de atender, pela conveniência da sua entrega ou por qualquer outro atributo que faça dela uma profissional singular.

Com o Método FLY®, ajudaremos você a identificar os atributos da sua marca que vão estabelecer esses elos com seus públicos. Nesse percurso, será possível traçar a estratégia de comunicação que fará você se conectar e manter experiências marcantes e memoráveis com seus clientes, *stakeholders*, pacientes e/ou colegas. Esse projeto estratégico para a sua Marca Pessoal é a jornada que convidamos você para fazer conosco agora.

Conheci a Giu e seu trabalho com médicos sobre Marca Pessoal há alguns anos e fiquei imediatamente empolgado com a ideia de trazer esse conceito para o contexto médico aqui no Brasil. Percebi uma grande oportunidade de conectar a Giu com alguns projetos que eu liderava, pois as visões de nossas marcas estavam alinhadas de forma impressionante. Sempre acreditei na importância do posicionamento e, em todos os meus projetos e iniciativas, busco transmitir a ideia de que cada um de nós deve encontrar seu espaço no mundo.

Em 2022, tive o prazer de conhecer pessoalmente a Giu durante um almoço informal e, a partir desse encontro, surgiram diversas ideias que se transformaram em ações concretas alguns meses depois. Juntos, realizamos um tour pelo Brasil, impactando muitos médicos brasileiros e mostrando a importância das parcerias entre empresas e médicos. A indústria farmacêutica desempenha um papel fundamental no desenvolvimento dos médicos, fornecendo conhecimento científico sobre soluções para diversas queixas de seus pacientes. Com o apoio da Giu, pude disseminar a ideia de que a indústria também pode auxiliar os médicos a estabelecerem conexões e a enxergarem a medicina como um negócio estruturado. Uma ótima maneira de começar essa transformação é olhar para dentro e compreender o propósito de cada negócio, comunicando-o de forma efetiva ao mercado.

A parceria com a Giu trouxe resultados significativos, não apenas para os médicos envolvidos, mas também para as empresas e para o setor médico como um todo. Estamos ampliando as perspectivas dos médicos, capacitando-os a se destacarem como profissionais de sucesso e mostrando que a colaboração com a indústria pode ser uma estratégia benéfica para todos. Estou verdadeiramente grato pela oportunidade de trabalhar ao lado da Giu nessa jornada inspiradora e espero continuar construindo um impacto positivo juntos.

Caio Brabo da Silva,
Marketing Services Manager - Galderma

CAPÍTULO 5

MÉTODO FLY® PARA MARCA PESSOAL

Passamos a vida fortalecendo nossa Marca Pessoal por meio de nossa atuação no mundo. Somos, portanto, indissociáveis dela. O problema é que nem sempre o que somos, de fato, é o que o mundo percebe de nós. Daí a necessidade de aprender a gerir a própria marca. Ao definir a sua e ter em suas mãos a narrativa para fortalecê-la, você aumenta as chances de ter reconhecimento por aquilo que deseja mostrar, não deixando que os outros estabeleçam significados descolados de quem você é verdadeiramente.

Como disse Tom Peters: "Se quer que as pessoas vejam você como uma marca poderosa, aja como um líder confiável. Quando você pensa em si como marca, não precisa de um organograma de autoridade para ser um líder. O fato é que você já é um líder. Você é o seu próprio líder". Assuma as responsabilidades do cargo de CEO da sua marca – e lembre-se de que, para essa posição, assim como para algumas outras na vida, não costumam existir atalhos.

Para apoiar você na organização da sua Marca Pessoal, desenvolvemos o Método FLY®, resultado de muitos anos dedicados a projetos de *Branding* em nossa experiência executiva e consultiva, e mais de 15 mil pessoas impactadas em diversos formatos – mentorias, aulas, palestras e *workshops*.

Para que possa refletir sobre a sua Marca Pessoal e encontrar caminhos a partir da nossa metodologia, um fator é muito importante: ter uma meta clara, algo que queira conquistar, um lugar aonde deseja chegar. Ela será o norte para o que você quer construir e para definir quais atributos quer adicionar à sua Marca Pessoal.

Se não pensou nisso ainda, ou se já pensou e gostaria de rever, sugerimos um "aquecimento", respondendo ao questionário a seguir. Ele servirá para que aprofunde a reflexão sobre o seu momento atual. Ter essas informações escritas e poder voltar a elas ajudará a encontrar soluções e insights para o fortalecimento da sua Marca Pessoal, deixando-a mais autêntica e alinhada com o que deseja obter a partir deste trabalho.

Exercício prático: Aquecimento

- Pelo que você gostaria que seu nome fosse lembrado, reconhecido, escolhido, preferido?

- Qual é o reconhecimento profissional que você ainda não tem e que acha que merece?

- Daqui a cinco anos, quando alguém perguntar a você sobre esse período profissional da sua vida, como gostaria de descrevê-lo?

- Qual é a história de sucesso que você quer contar sobre o que está vivendo agora?

- Quais são os aspectos mais relevantes que as pessoas precisam saber sobre você? Liste aqueles elementos que considera importantes para sua reflexão neste trabalho.

- O que acredita que diferencia você dos seus pares, como profissional?

- Algo incomoda você em sua Marca Pessoal ou na forma como acredita que impacta o seu público?

Essa autoanálise é um ponto de partida dessa jornada. Para seguir se aprofundando em sua Marca Pessoal e alcançar os resultados que deseja, tenha estas duas premissas em mente:

a. Foco no Positivo

Buscamos colocar luz e a maior parte da nossa energia naquilo que cada pessoa tem de melhor e que pode ser aprimorado para fazer a Marca Pessoal brilhar. Priorizamos isso a nos concentrar em superar dificuldades. Claro que consideramos importante que as pessoas busquem seu aprimoramento sempre. Mas o segredo do sucesso de uma Marca Pessoal é a capacidade de identificar o que se tem de melhor e aplicar esse atributo nas atividades cotidianas. Então queremos que você esmiúce seus pontos fortes e os deixe ainda mais robustos.

Esse entendimento é baseado na psicologia positiva, disciplina inaugurada por Martin Seligman que nos ensina o poder de mudar a nossa perspectiva para maximizar nosso potencial de felicidade a partir do que fazemos em nosso dia a dia. Essa visão acabou sendo um divisor de águas para as disciplinas de desenvolvimento humano, pois faz com que se compreenda o poder de colocar os talentos em prol daquilo que buscamos e de como esse ciclo positivo tem um potencial extraordinário de aumentar a felicidade e o senso de significado na vida.

b. Foco no Futuro

Nosso olhar é para aquilo que você busca e deseja para seu futuro – e em como podemos ajudar você a chegar lá. É muito fácil as pessoas perderem essa referência e serem drenadas por reflexões sobre o passado, sobre como chegaram até aqui e o que poderiam ter feito diferente para obter um resultado melhor. Essas reflexões também são importantes e válidas. Mas esse método olha para a frente. O seu passado guarda aprendizados e vivências importantes. Hoje, o que faremos com todos esses ativos reputacionais que você construiu? Como eles podem ajudar você a atingir os objetivos que tem pela frente? Como seu trabalho pode ser um pilar importante de uma vida com significado? Isso é o que chamamos de foco no futuro. Com esse olhar, é possível direcionar sua energia para a construção dessas possibilidades.

Ao analisar e colocar luz nos seus pontos fortes e somar isso com o foco no futuro, chegamos a uma análise bem personalizada e única, que será a base da sua marca. Como consequência – vemos isso acontecer com nossos clientes – há mais motivação para seguir no caminho e na direção que definir como o próximo passo da sua vida, porque você vai se enxergar de maneira particular e potente. Mas o que vai mesmo potencializar o método é sua determinação em iniciar e sustentar um trabalho na direção desejada para a sua Marca Pessoal, com foco, clareza sobre seus pontos positivos, crença na sua capacidade e nas suas habilidades para seguir em frente. Isso fará toda a diferença nos resultados que poderá obter.

Gostei muito do trabalho feito com vocês. Tinha muitas dúvidas em como trabalhar minha marca, sendo executivo de uma empresa, mas no decorrer do programa fui afinando e encaixando as sutilezas de trabalhar as duas coisas juntas. O resgate e para não dizer a descoberta das minhas fortalezas e singularidades foi um ponto alto. Impressionante como o processo ajudou a trazer esses elementos para meu posicionamento, de forma prática.

Entendi que posso potencializar o meu posicionamento como Executivo, com as minhas verdades e habilidades, para qualquer público, e já colho frutos quando me lanço e me exponho em qualquer ambiente. Esta é a melhor parte, genuinamente conseguir me posicionar e me expor para conquistar outros horizontes, tanto na minha carreira Executiva, quanto para os objetivos do negócio que lidero.

Arthur Sousa,
CEO - GDSUN

UMA HISTÓRIA

"Eu sabia que precisava de ajuda, mas não sabia qual o formato. Já tinha feito terapia, mas sabia que não era bem isso. Com o processo de Marca Pessoal, entendi como me posicionar e minha carreira acelerou fortemente. Hoje sou CEO em um grande grupo global e sei que boa parte disso foi por ter conseguido dar visibilidade a quem sou eu, ao que acredito, e ao que sou capaz de fazer pelas marcas para as quais trabalho."

Eugênia del Vigna - CEO Brasil - Match Group

Quando iniciamos o processo de Eugênia, ela tinha 38 anos e estava em um momento de transição profissional. Queria determinar seus objetivos para o próximo ciclo. Nos sinalizou que considerava muito importante ter maior clareza de qual legado que gostaria de construir dali para a frente. Sua filha Fernanda, que estava na época com um ano e meio de idade, era sua grande inspiração. "Quero ser um exemplo para minha filha", nos disse.

Ela vinha fazendo um resgate dos principais momentos de sua carreira, daquilo de que se orgulhava e daquilo que nem tanto. "Eu acho que sei mais ou menos o tipo de empresa para a qual quero ir, mas quero ajuda nesse processo de descobrir o que desejo para meus próximos 20 anos."

SEUS DESAFIOS?

Superar algumas "frustrações" profissionais anteriores, assumir as rédeas na busca da sua direção e se sentir realizada. E, sendo mulher, superar os vieses de gênero. Por ser uma pessoa assertiva, precisava tomar cuidado para não ser percebida como agressiva. "Estou na metade da minha vida profissional e, daqui para frente, quero ter consciência das minhas decisões. Não é o cargo que vai significar sucesso para mim. É trabalhar em uma empresa que tenha um propósito no qual eu acredite. Quero sentir que fiz a minha parte. Por isso, preciso de uma forma para estruturar a minha Marca Pessoal e buscar a oportunidade certa."

O PROCESSO DE MARCA PESSOAL

Logo no começo do processo, o resultado do *Feedback* 360º, uma das ferramentas de autoconhecimento que usamos, foi transformador para Eugênia neutralizar a forte lente de autocrítica pela qual se observava. Ela percebeu o quanto a nossa cultura em geral nos estimula a colocar foco naquilo que precisamos desenvolver em vez de salientar o que já temos de bom, contaminando a nossa percepção sobre nós mesmos. "Minha autocrítica não me deixava perceber o que as pessoas veem de positivo em mim".

De imediato, ela notou que muitas pessoas se sentiram prestigiadas somente por terem sido escolhidas para responder às perguntas sobre ela. A avaliação positiva apareceria com mais força na evidente percepção de que Eugênia era uma executiva com muita habilidade de gestão de pessoas, dedicada e comprometida, com uma capacidade de organização acima da média, tornando-a extremamente eficiente. Ela entendeu que sua intensidade emocional a levava a mergulhar de corpo e alma naquilo que fazia e era um dos seus maiores talentos. Mas, como todo talento, precisava ser calibrado para não se tornar um veneno. Ao entender como poderia usar a inteligência emocional a seu favor, viu que tinha uma oportunidade de superar seu medo em relação à visibilidade em redes sociais.

Durante o processo, estruturou a sua comunicação para mostrar ao mundo não apenas sua visão estratégica, realizações e liderança positiva, mas também seus pontos de vista. "Decidi começar a colocar a minha opinião em alguns *posts*, me posicionando. Ficou muito claro para mim a força que tem um posicionamento bem definido." Tendo definido com clareza os principais temas pelos quais gostaria de ser reconhecida, o próximo passo foi a organização do *networking* de maneira mais estratégica.

Com pouca afinidade com articulação política, Eugênia entendeu que, para ocupar um cargo sênior, precisaria trabalhar mais alguns aspectos de sua presença executiva, especificamente a linguagem corporal, e investiu em conhecimento neste tema. Por fim, passou a pautar seus passos em uma sabedoria que serve para quase todos: "Seguir uma linha, e dar tempo ao tempo. Sei que meus resultados vão chegar".

RESULTADOS DE EUGÊNIA

Poucos meses depois de terminar o processo de Marca Pessoal, Eugênia recebeu um convite para assumir uma posição de diretoria em outra empresa, com uma estrutura muito mais alinhada com o que buscava para sua vida. Os recrutadores disseram que ficaram muito impressionados com alguns artigos que ela havia escrito e como ela expressava seus pontos de vista de maneira clara. Um ano depois, veio mais um convite e ela se tornou CEO em um grupo global.

Não estamos dizendo que todas as pessoas que fizerem um processo de Marca Pessoal vão se tornar CEOs. Mas histórias como a de Eugênia são exemplos, entre diversos outros, do quanto a organização da sua narrativa pode deixar claro para as pessoas ao seu redor quem é você, qual é o valor que gera para o seu público e qual a sua forma particular de fazer isso. Clareza de posicionamento pode ser algo mais poderoso do que as pessoas costumam imaginar.

CAPÍTULO 6

SER
UMA MARCA

Empresas, produtos e serviços têm uma marca. Pessoas são a própria marca. Todos somos. O foco do nosso trabalho é trazer à tona a Marca Pessoal que expressa quem você é de verdade. Não se trata, portanto, de TER uma marca, e sim de SER uma marca.

Uma Marca Pessoal autêntica se expressa de maneira alinhada com a SUA Identidade. Se você não trouxer à tona a sua essência, não haverá autenticidade, correndo-se o risco de criar um personagem e trabalhar uma Marca Pessoal que não vai se sustentar ao longo do tempo.

Portanto, a construção da Marca Pessoal acontece de dentro para fora. Este método tem como base justamente a clareza de Identidade e a busca de expansão da autoconsciência. Com esse trabalho, o seu papel no mundo também ficará mais claro para você.

Antes de começarmos o processo prático, queremos compartilhar um pouco da teoria por trás desse mergulho em sua Identidade que iremos propor como um dos primeiros passos do Método FLY®. Assim, você entenderá os porquês do método e qual é a sua base. Partimos de estudos identitários que, como verá nos próximos capítulos, se transformaram em um processo com reflexões possíveis de serem colocadas em prática e que trazem resultados surpreendentes.

O que é a Identidade?

Pensar a respeito de si mesmo, como um indivíduo separado dos outros, é algo relativamente novo na história. Embora haja investigações filosóficas sobre a Identidade desde a antiguidade, segundo alguns estudiosos como Durkheim,[9] Kaufmann[10] e Giddens,[11] esse é um conceito eminentemente ligado à modernidade, momento em que se intensificaram as reflexões a respeito do "eu". Isso porque, nas culturas tradicionais, o indivíduo se via como parte da coletividade e as mudanças identitárias aconteciam por meio de rituais de passagem.

Foi George Mead quem formulou uma das primeiras teorias do que viria a ser chamada de Escola do Interacionismo Simbólico, propondo como o contexto social influenciava, desde a infância, um balanço entre o "mim" e o "eu". Segundo Mead, a criança busca *feedback* daquelas pessoas nas quais ela confia e, ao ouvir o que dizem sobre ela ("sobre mim"), vai se apropriando desses atributos. O que acontece na mente da criança seria algo como "se dizem isso sobre 'mim', logo, 'eu' devo ser assim". É neste processo que a noção de "eu" emerge no ser humano. Enquanto "eu" é a representação imaginativa que temos sobre nós mesmos, o "mim" é a atitude adaptativa que temos diante do mundo. À medida que o "eu" amadurece, ele aprende a contrabalancear a influência do "mim", ou seja, de como as outras pessoas a enxergam. A socióloga Mariana Scussel Zanatta explica como essa teoria se conecta com a Marca Pessoal no sentido da influência do outro sobre nós:

> *Ao processo de interação podemos vincular o processo de reconhecimento. Reconhecimento do outro e reconhecimento de nós mesmos através dos outros. Mead (editado por Charles W. Morris, 1993) fala dos "outros significativos", das pessoas que, com maior frequência, fazem parte da nossa interação, com as quais mantemos relações emocionais mais intensas. E identifica também o "outro generalizado", definido como o grupo social organizado, ou seja, a sociedade agindo sobre a pessoa. É sob essa forma, do outro generalizado, que os processos sociais influenciam na conduta dos indivíduos.*[12]

O senso de Identidade é dinâmico e, a partir desta conversa contínua entre o "eu" e o "mim", é que ela se desenvolve e vai definindo como se preserva ou se modifica. Giddens colocou o tema da reflexividade como eixo central da sua teoria sobre a Identidade: estamos continuamente interagindo com o outro e com nós mesmos. Por meio dessa conversa, vamos definindo nosso recorte identitário, sobre quem e como somos no mundo. Um ser que não é estático, que segue dialogando, interna e externamente, e se modificando.

Uma forma simples de dizer isso seria que estamos o tempo todo comparando o nosso sentimento interno, sobre quem somos, com a percepção que os outros nos dizem ter sobre nós. E o que possibilita essa interação com o outro é a linguagem, a comunicação tanto verbal quanto não verbal. Para muitos autores, inclusive, interação social e comunicação são sinônimos:

> *A importância da linguagem para a interação social é indicada pelo fato de que, para muitos, comunicação e interação social são virtualmente sinônimos, e pelo fato de que a linguagem é tipicamente vista como o veículo primordial da comunicação humana. A linguagem, na medida em que é social, é um sistema de símbolos significantes.*

Em 1967, Frank Dance escreveu que não existe comunicação estática, ela estaria sempre se movendo na direção do tempo. A comunicação demanda tempo, como descreveu Sá Martino:

> *Imagine-se, por exemplo, em uma conversa. As falas de cada interlocutor, ao mesmo tempo, alteram e são alteradas pelas do outro. Não apenas a pergunta é alterada pela resposta, mas a cada frase os interlocutores estão diferentes do que estavam no momento anterior. Cada fala, em uma conversa, coloca em jogo uma série de informações até então desconhecidas, seja de maneira deliberada ou não.*[13]

A Identidade é, portanto, como se houvesse o tempo todo uma conversa interna em que você vai tirando conclusões a seu respeito, com base naquilo que sente, e com base nas trocas que faz com as pessoas. Uma vez que somos seres em constante evolução, esse processo segue acontecendo ao longo da nossa vida. E assim seguimos, amadurecemos em algum aspecto, fortalecemos algum traço de personalidade mais acentuado, amenizamos outro, mas não deixamos de ser quem somos. Mantemos uma essência que traz coerência para todas as modificações pelas quais passamos.

Um conceito no Oxford English Dictionary define 'Identidade' como: "A constância de uma pessoa ou coisa em todos os momentos ou em todas as circunstâncias; a condição ou fato de que uma pessoa ou coisa é ela mesma e não outra coisa". É o modo como estamos no mundo que faz com que a nossa Marca Pessoal se forme.

Por isso, uma Marca Pessoal que tem como fio condutor a Identidade é tão forte. Por mais que o tempo passe, e que você vá evoluindo nesse processo, ela se mantém autêntica.

Expansão da autoconsciência

Muitos autores exploraram a Identidade no campo da Sociologia e da Psicologia Social. Para o nosso método, iremos direto a Claude Dubar, que trouxe a ideia de que a Identidade é fruto da articulação entre dois conceitos, (i) do processo biográfico (que tipo de pessoa você quer ser/você diz que você é = Identidade para si) e (ii) do relacional (que tipo de pessoa você é/dizem que você é = Identidade para o outro). A Identidade nunca é dada, ela sempre é construída e deverá, segundo Dubar, ser (re)construída.

> *Com isso, tornamo-nos conscientes de que a Identidade social não é tão sólida quanto imaginávamos, de que ela não é a mesma para toda a vida, de que ela é negociável e revogável e as decisões que o próprio indivíduo toma, os caminhos que percorre, a maneira como age, os mundos sociais aos quais pertence são fatores cruciais para o processo de construção identitária.*[14]

Observamos em nossa experiência com o Método FLY® o poder desses processos reflexivos. Acreditamos que o processo de expansão da consciência sobre quem somos e quem desejamos ser pode ser influenciado a partir do contar e recontar a própria história que nos gera, continuamente, novas perspectivas.

Não é preciso ser expert sobre essas teorias para, em algum momento da sua vida, se fazer algumas perguntas poderosas.

- Em que aspectos o que dizem de mim ecoa com o que sinto?
- Quais são as minhas características mais ativas, que levam as pessoas a me perceberem de alguma forma específica?
- Do que eu ainda não havia me dado conta?
- Que facetas da minha Identidade eu gostaria de revelar nessa fase da minha vida?

Chamamos essas perguntas de "poderosas" porque podem parecer simples a uma primeira lida, mas respondê-las de maneira sincera demanda uma conversa interna que pode levar a desejos de movimento ou a reafirmação de decisões sobre nós mesmos. Como disse o escritor

Naguib Mahfouz, "Você pode dizer o quanto uma pessoa é inteligente pelas suas respostas. Você pode dizer o quanto uma pessoa é sábia pelas suas perguntas".

O Método FLY® para Marca Pessoal nada mais é do que isso: perguntas que fazemos para ajudar as pessoas numa reflexão identitária.

- Quem é você?
- Como percebe a sua atuação no mundo?
- Como gostaria que as pessoas percebessem essa atuação?

Fazemos essas perguntas sem a pretensão de esgotá-las. Ao contrário, o que desejamos é que elas sigam ecoando, e que suas respostas sejam continuamente refeitas. Afinal, esta é a beleza da Marca Pessoal e o que a distingue de todos os outros tipos de marca: estamos continuamente em movimento.

Para concluir nossa conversa sobre expansão da consciência, gostaríamos de deixar uma reflexão final.

Quantas vezes você teve que contar e recontar a própria história ao longo da vida?

Certamente, foram inúmeras e, provavelmente, ainda haverá outras situações em que será necessário fazê-lo. Talvez você esteja em um novo ambiente, buscando novos objetivos, ou mudou de empresa, ou, como eu, Giuliana, quando comecei uma nova vida em outro país. A verdade é que nossa história está em constante evolução e é importante ter a disposição para adaptá-la e compartilhá-la de acordo com as mudanças que ocorrem em nossa vida.

Como a Marca Pessoal se forma a partir da Identidade

Nossa Identidade vive dentro de nós. Ninguém consegue adivinhar, somente olhando, se uma pessoa é competente, ética ou confiável. Uma frase bem conhecida no livro *O pequeno príncipe* diz: "O essencial é invisível aos olhos".[15]

A forma de tornarmos esse invisível, visível, é agindo no mundo. Pense na figura de um iceberg. O que está embaixo da água é a sua Identidade, constituída por sua essência, suas crenças, seus valores. O que está acima da superfície é aquilo que é visto, que está no nível de consciência. Ou seja, é a forma pela qual você mostra para o mundo a sua Identidade usando seus atributos de marca, seu comportamento, comunicação e experiência. Hoje, você pode estar conversando com uma pessoa; amanhã, falando num programa ou *podcast*; depois de amanhã, escrevendo um artigo, dando uma palestra, participando de uma reunião e, em cada uma dessas interações, deixando a outra pessoa saber um pouco mais sobre a sua Identidade. À medida que atuamos, nos expressamos e, até quando nos calamos, passamos sinais sobre nossa essência. Dessa forma, as pessoas vão observando, sentindo e tirando conclusões sobre a nossa Identidade.

Diversos estudos dizem que, quando temos contato com alguém pela primeira vez, o nosso cérebro tira uma rápida conclusão sobre aquele indivíduo em fração de segundos. Muitos dirão que esse primeiro impacto é quase definitivo. Em algumas situações, pode ser que seja mesmo. Em algumas circunstâncias, como uma entrevista de emprego ou um encontro num evento, não há muito tempo para transmitir tudo aquilo que é preciso transmitir. É por isso que proliferam cursos e dicas sobre como se vestir, como falar, como causar um primeiro impacto positivo, e esses aspectos mais físicos são, de fato, bastante relevantes. Mas quando pensamos em fortalecimento de Marca Pessoal no médio e longo prazo, não são absolutos nem definitivos. Outras variáveis vão contribuir para a formação dessa marca.

Se você tiver a oportunidade de interagir um pouco mais com uma pessoa, como, por exemplo, numa apresentação, num bate-papo, ou mesmo em um vídeo gravado, todo o conjunto de atributos que for capaz de comunicar por meio de seu conteúdo e da forma como apresenta seu conteúdo formará uma imagem sobre você na mente da outra pessoa. É bastante comum usarmos expressões como "tive uma boa impressão sobre a Joana". Impressão tem esse sentido de ser algo estático, um recorte no tempo. Uma foto. Mas uma primeira impressão pode ser confirmada ou desconstruída à medida em que interajo mais com a Joana.

Se Joana é uma pessoa que atua, frequentemente, com muita competência, o atributo "competente" vai "colando" na lembrança das pessoas quando pensam na Joana. Afinal, ela não foi competente apenas uma ou duas vezes – ela geralmente é competente. Portanto, a Marca Pessoal não é formada por um impacto somente, por aquele momento glorioso para o qual algumas pessoas ficam eternamente se preparando. Ela se forma com o decorrer do tempo. É agrupando significados que as pessoas vão mentalmente associando atributos ao seu nome. Se uma impressão é como uma foto, a reputação que se forma pela soma dessas fotos é um filme.

Este gráfico mostra como o processo acontece, em uma crescente, começando de dentro (Identidade), passando pela imagem (impacto no outro) e formando a reputação (aquilo que pensam sobre nós).

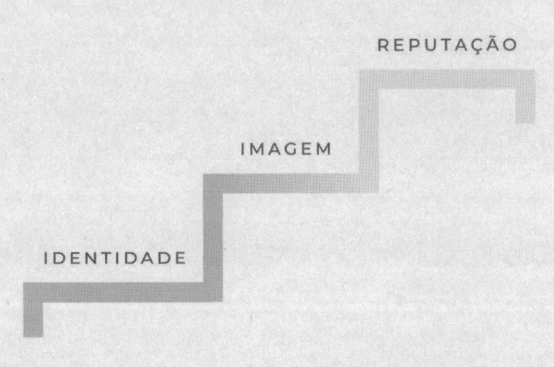

REPUTAÇÃO

IMAGEM

IDENTIDADE

Entender que a sua Identidade é a base da jornada do Método FLY® para Marca Pessoal é o primeiro passo. Há quem nos procure e quer pular essa etapa e ir direto resolver seu problema de comunicação, que inclui escrever artigos, postar nas redes sociais, fazer *networking*. Muitas vezes essas pessoas estão cheias de insegurança e dúvidas por não saber como comunicar nem o que comunicar. E a chave para que a comunicação flua está exatamente em olhar primeiro para a Identidade, fazer um mergulho mais profundo. Depois, definir o DNA da sua marca e o Posicionamento. O último passo é Estratégia de Comunicação, que será uma consequência de tudo o que foi descoberto, pensado e trabalhado. Cumprindo as etapas, ficará mais fácil definir "o que", "como", "onde" e "por que" comunicar. Nossa orientação é sempre passar pela jornada completa para ter mais consistência, autoridade e autenticidade na comunicação da sua marca.

O workshop de Susana Arbex já começou provocativo na explicação do conceito: "Marca Pessoal é aquilo que falam de você quando você não está na sala". E assim, com uma linguagem direta e impactante, fui impulsionada a refletir sobre que mensagens estou emitindo e como quero ser percebida. Ainda reflito, afinal, Susana despertou um processo em mim. Um processo para além das mensagens que emito, mas também reflexões sobre os potenciais que já tenho, e que não estou deixando à mostra, permitindo-me reconhecer e aceitar meus talentos.

Impactante e profundo definem este momento, mas, ao mesmo tempo, leve e prazeroso.

Hoje já assumi outro desafio e sigo refletindo, porque entendo que é um processo contínuo sobre que mensagens estou emitindo, que mensagens eu quero emitir e que potencial eu tenho dentro de mim que posso me permitir viver plenamente. Foi tão transformador para mim que até hoje eu me lembro das falas de Susana.

Só tenho a agradecer!

Elisabete Mercadante,
Designer Educacional

UMA HISTÓRIA

"O processo que passei com a BetaFly foi muito além do que simplesmente trabalhar a Marca Pessoal e montar um fluxo de comunicação e thought leadership. Fui provocado a refletir sobre a minha jornada profissional, refinar ambições e caminhos de desenvolvimento futuro. E, no fim, transformar todos estes aprendizados e reflexões em um claro posicionamento estratégico. O processo me estimulou a me expressar mais, escrever melhor e quebrar as barreiras e preconceitos que ainda temos como executivos sobre termos uma voz mais pessoal, ativa e de atuar genuinamente como embaixadores de nosso legado pessoal e das empresas que representamos."

Alexandre Correa - CEO Gerdau Graphene

Quando conhecemos Alexandre, em 2019, já sentimos que estávamos diante de uma pessoa que transborda energia. Sua fala mostra paixão pelo novo, pelo futuro, por aquilo que ainda não é, mas pode ser. Ele é daquelas pessoas com um pensamento tão rápido que a fala quase não acompanha.

Em sua trajetória profissional se mesclam experiências tão diversas como ter passado por Risco, Logística e Marketing na Unilever, Operações na Lacoste, Trade na Havi e ter criado do zero um negócio inovador de celulose *fluff* na Suzano. Fechou acordos comerciais em mais de 20 países no mundo e não tem medo de explorar e abrir novos mercados onde quer que estejam.

Entre 2015 e 2020, fez uma virada interessante de carreira saindo do universo B2C e mergulhando no mundo B2B – pelo qual se apaixonou. Em seu trabalho, saía de cena uma comunicação de marca e abordagem comercial mais massiva e entrava uma demanda por um canal de comunicação e posicionamento de marca mais direto e pessoal.

Ao mesmo tempo em que essa virada profissional acontecia, ele estava atento a outro movimento: o amadurecimento das redes digitais, o que passou a fazer executivos no Brasil começarem a entender o valor de se posicionarem como embaixadores de suas empresas, marcas e legados. Teve uma enorme curiosidade de entender mais o valor e processo de fortalecimento de uma Marca Pessoal e foi assim que nos conheceu. Enquanto isso, em sua vida pessoal, se misturavam a paixão por cozinhar para os amigos e o fascínio por viajar, conhecer novas culturas, e o encantamento com sua filha mais nova, que acabara de nascer.

SEUS DESAFIOS?

Organizar a narrativa sobre essa carreira com múltiplas nuances, em torno do eixo que as une: a inovação. Alexandre tem como característica sempre ter imprimido algo de inovador em todas as suas vivências. A forte influência de sua mãe, uma grande pesquisadora, o tornou uma pessoa com mente aberta e espírito explorador. Mas ele sentia que o mercado estava muito acostumado a colocar as pessoas em "caixinhas" de áreas: logística, finanças etc.

Seu desejo era deixar uma Marca Pessoal e um legado, sendo um executivo que apresenta soluções desconhecidas ou que se acreditem serem impossíveis, transformando os mercados em que atua.

O PROCESSO DE MARCA PESSOAL

Logo nas primeiras reflexões sobre o DNA da Marca, identificamos como principais talentos: Realização, Ativação, Foco e Visão de Futuro. Ou seja, ali estavam presentes as características que marcaram a sua atuação em todas as áreas e empresas por onde passou.

Já os respondentes do seu *Feedback* 360º associavam ao Alexandre as características de "empreendedor" e o consideravam uma pessoa com as habilidades tanto de "visualizar o futuro" quanto de "fazer acontecer a visão".

Como apresentar tudo isso de maneira que fizesse sentido? A resposta, trazida por ele ao longo das reflexões, não podia ter sido mais assertiva: "Sou um executivo intraempreendedor e ambidestro".

Intraempreendedor porque Alexandre é aquele que consegue implementar as práticas de inovação dentro das estruturas de organizações pelas quais ele passa. Não é o empreendedor solo, de *startup*, mas um agente de transformação interno nas organizações.

Ambidestro, no sentido literal, é aquela pessoa que escreve com a mão direita e a mão esquerda. Já um executivo ambidestro é aquele que consegue transitar não somente entre áreas distintas, como Marketing e Logística, mas também entre o conceitual e o prático, a visão do futuro e o problema que tem que ser resolvido hoje, o coletivo e o individual. Um equilíbrio sutil, delicado e dificílimo de se encontrar, ainda mais em um mundo tão polarizado como o que vivemos.

RESULTADOS DE ALEXANDRE

Chegamos a um Posicionamento de Marca contundente, preciso e potente: "Eu ajudo empresas a identificar oportunidades e transformá-las em novos negócios e produtos. Além disso, estruturo toda a sua cadeia de valor e rota de mercado implementando as mais modernas práticas do B2C no universo B2B com um olhar global de quem já desenvolveu negócios atendendo ao mesmo tempo mercados tão distintos como Japão, China, França e EUA. E capacito times multifuncionais para entregar esta disrupção de forma sustentável".

Hoje, Alexandre é CEO da Gerdau Graphene, uma empresa com atuação global. Liderando pesquisas de ponta em nanomateriais, oferecendo ao mercado um novo material, o grafeno, que vem revolucionando a indústria como a conhecemos, ao conciliar algo que parecia impossível: aumento de performance com menor impacto ambiental. A história de Alexandre mostra o quanto uma mesma essência pode se desdobrar nas diferentes posições e desafios da vida profissional. Afinal, ser consistente não significa ser previsível.

CAPÍTULO 7

DNA
DA MARCA

O DNA contém as informações genéticas de cada indivíduo. Basicamente, o que esse ácido nucleico faz é armazenar e transmitir instruções. Conforme a definição da Khan Academy, "O DNA é a molécula da informação".[16] Tecnicamente falando, sua estrutura é tão eficaz e bem refinada para essa transmissão que se tornou, ao longo do tempo evolutivo, a molécula universal de armazenamento de dados para todas as formas de vida. Ele é o responsável por mandar instruções para que o nosso corpo funcione de uma determinada forma.

Em uma analogia muito simplista, podemos dizer que a nossa Identidade é como se fosse o nosso DNA, pois ela passa toda a nossa vida mandando informações para que a gente se comporte da maneira como somos. O fato de o DNA – e da Identidade – serem constantes, não significa que sejam estáticos. Eles são um "fio condutor", pois permitem uma flexibilidade, natural e esperada no desenvolvimento do ser humano. Eu, Susana, sou Susana desde sempre, mas a Susana aos 50 anos é diferente da Susana aos 35, que é diferente da Susana aos 20... Seria até estranho se assim não fosse e se, aos 50, eu estivesse pensando e me comportando exatamente como aos 20. O amadurecimento faz com que a gente reforce algumas atitudes, descarte crenças, incorpore outras... Essas alterações fazem parte de uma dinâmica natural.

O processo no Método FLY® se desenrola em torno do DNA da marca. No diagrama a seguir, mostramos o passo a passo de construção dessa etapa inicial. Não se preocupe se ficar com alguma dúvida. Nossa intenção agora é somente mostrar o mapa mental, um resumo da jornada que percorreremos.

Em uma rápida apresentação, nosso caminho começa fazendo uma triangulação fundamental para o nosso trabalho:

- O que você oferece para o mundo? (Seus Talentos);
- Como você percebe a sua atuação? (Sua Autopercepção);
- Como as outras pessoas percebem a sua atuação? (*Feedback* 360º).

Com a comparação das respostas a essas três perguntas, teremos o diagnóstico da sua Marca. Em seguida, compararemos o diagnóstico com como você gostaria que as pessoas percebessem sua atuação, usando a ferramenta Janela de Johari.

Faremos em seguida uma reflexão sobre:

- Seus valores;
- Sua Visão;
- Seu propósito;
- O que deixa você em *flow*.

Fecharemos todos os fundamentos da sua marca usando a estrutura do *Golden Circle*.

Detalharemos cada um desses passos do DNA da sua marca nos capítulos a seguir.

DNA da Marca
DIAGNÓSTICO DA MARCA

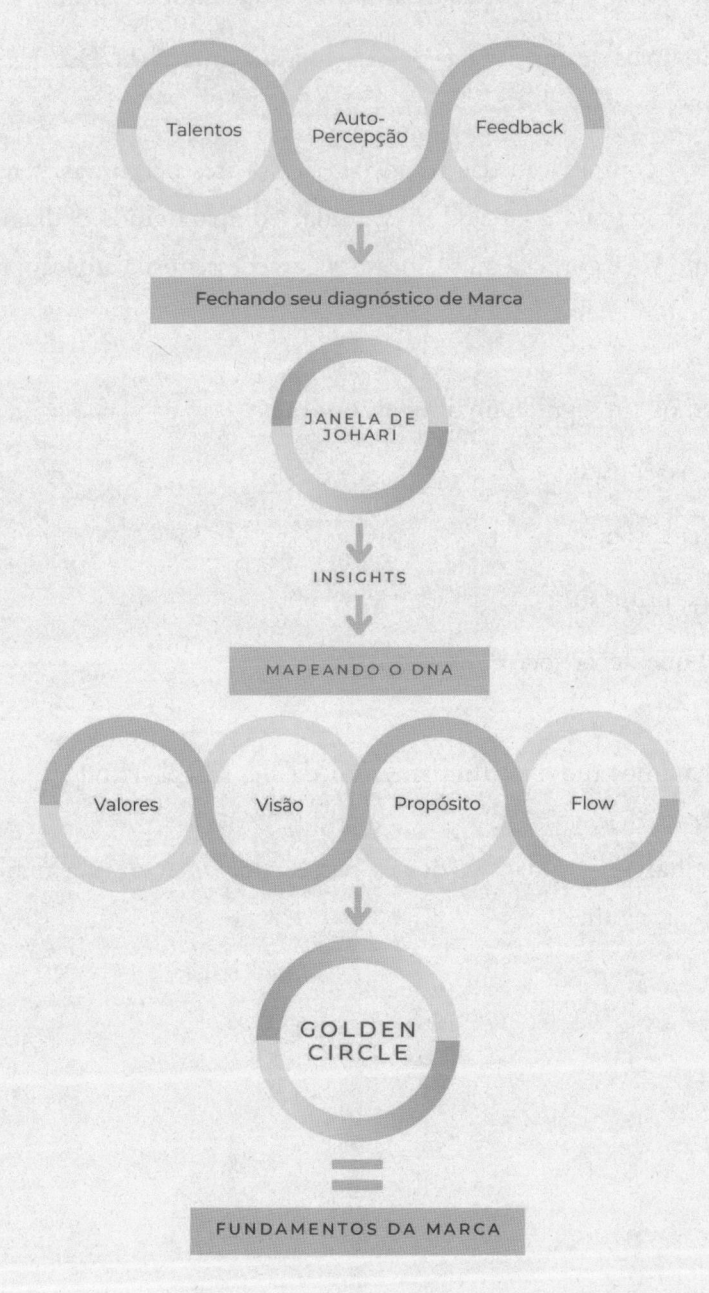

- Talentos
- Auto-Percepção
- Feedback

↓

Fechando seu diagnóstico de Marca

↓

JANELA DE JOHARI

↓

INSIGHTS

↓

MAPEANDO O DNA

- Valores
- Visão
- Propósito
- Flow

↓

GOLDEN CIRCLE

=

FUNDAMENTOS DA MARCA

Diagnóstico da Marca

Como diz o escritor José Saramago, "É preciso sair da ilha para ver a ilha. Não nos vemos se não saímos de nós". Então começaremos a mapear o estado atual da sua Marca Pessoal com este exercício: você vai ser o próprio objeto de estudo.

Para ter uma Marca Pessoal de sucesso, em todas as dimensões que a palavra "sucesso" contempla – tanto realização pessoal quanto reconhecimento profissional – você precisa, primeiro, se conhecer. Em seguida, se admirar e ser capaz de ter uma narrativa potente sobre o valor que você gera.

Na maior parte do tempo, só enxergamos um pedaço do que o mundo vê sobre nós mesmos. É como se olhar no espelho: não conseguimos ter uma visão de 360 graus. O que vemos é real, mas não é cem por cento da verdade. Para entendermos por completo a nossa Marca Pessoal, temos de visualizar também o que é percebido sobre nós. Se você viver somente de sua autoavaliação, terá uma visão de apenas metade da imagem da sua Marca Pessoal. Para ver a outra metade, precisa entender o que aqueles que estão ao seu redor pensam sobre você.

Não é tão comum procurarmos e/ou recebermos *feedbacks* realmente sinceros sobre os atributos de nossa Marca Pessoal, e é nisso que vamos trabalhar nessa fase. Capturaremos aquilo que você acumulou como capital reputacional até aqui, ou seja, o que está na mente das pessoas sobre você. Esse capital é especialmente marcado pelas experiências mais recentes, que estão facilmente acessíveis na mente das pessoas; e pelas experiências mais intensas, que deixaram fortes lembranças, independentemente da posição no tempo.

Importante frisar que sua Marca Pessoal já está no mundo, já está sendo percebida pelas pessoas. A partir disso, você tem alguns resultados que podem ou não corresponder às suas expectativas. Então, é hora de olhar para o presente. Sua marca é viva e dinâmica, portanto, em cada etapa da sua vida pode ter algumas nuances mais acentuadas que outras. Como ela está neste exato momento? O que você percebe? E o que os outros percebem? É importante responder a essas perguntas de maneira estruturada e a serviço do processo de marca. Tirar da mente e organizar. Para fazer esse Diagnóstico, que é uma foto do momento de hoje, você poderá se apoiar em três vertentes:

1. **Conhecimento dos seus talentos.** Nossos talentos são a base para construção da nossa Marca Pessoal. É pautado naquilo que fazemos excepcionalmente bem que temos mais chance de brilhar;

2. **Autopercepção.** Mesmo que você nunca tenha feito nenhum processo formal de autoconhecimento, a vida e as pessoas à sua volta lhe dão *feedbacks* diretos e indiretos. Com a sua capacidade de se examinar, você pode ter uma visão sobre si mesmo;

3. **Percepção dos outros.** A Marca Pessoal, embora seja originada dentro de nós, é mantida viva nos corações e mentes daqueles que nos conhecem. Você precisa saber o que eles pensam para, então, construir um plano de marca efetivo, que lhe permita alcançar seus objetivos.

Juntando essas três dimensões, conseguimos montar uma foto do que está acontecendo com a sua Marca Pessoal hoje. Ou seja, como você coloca seus talentos em campo e como isso é percebido pelos públicos com os quais interage. E entenderemos o quanto a sua autoanálise se aproxima do que pensam de você.

Conhecendo seus Talentos

Quando falamos de talentos, nos referimos àquelas habilidades que cada um tem desde o nascimento e que executa excepcionalmente bem. O psicólogo e pesquisador Donald O. Clifton, Ph.D., explica em seu livro *Descubra seus pontos fortes*: "Talento é qualquer padrão recorrente de pensamento, sensação ou comportamento que possa ser usado produtivamente".[17] Portanto, vem daqueles traços de comportamento que nos ocorrem com mais facilidade e que, geralmente, manifestamos desde pequenos. E todos nascemos com uma propensão a fazer algo com mais facilidade.

Talentos são diferentes de habilidades aprendidas ou adquiridas e é em cima deles que devemos apoiar a nossa Marca Pessoal, porque é com eles que temos mais chance de brilhar – muito mais do que tentando desenvolver aquilo que não nos é natural. Conhecer seus talentos, portanto, está relacionado à premissa do foco no positivo em que nosso método se apoia.

Quando usamos nossa energia a favor daquilo que fazemos bem-feito, a tendência é termos resultados extraordinários. Por outro lado, quando usamos nossa energia tentando melhorar naquilo em que não somos naturalmente talentosos, acabamos fazendo um esforço desproporcional aos avanços, ou mesmo ficando apenas no controle de danos. Melhoramos, claro, mas dificilmente atingimos a excelência – e isso pode gerar enorme frustração. Portanto, busque ser sua melhor versão aproveitando aquilo que você já faz bem em vez de tentar ser a versão piorada de outra pessoa. A sua singularidade é o seu maior valor.

Um fato curioso é que, como geralmente estamos muito acostumados com aquilo que fazemos com facilidade, não costumamos reconhecer que se trata de uma habilidade, um diferencial. Isso gera dois efeitos:

- **Primeiro efeito:** nos subestimamos, achando que não temos diferencial. Agimos usando determinado talento de modo tão natural e espontâneo que nem percebemos como um talento;

- **Segundo efeito:** esperamos que as pessoas tenham a mesma facilidade que nós ou até mesmo menosprezamos o que fazemos bem justamente por não nos parecer algo difícil. Uma dica que sempre damos aos nossos clientes é: se você se frustra e se irrita quando alguém tem uma enorme dificuldade de fazer algo que você faz com muita facilidade, se observe. Talvez esse "algo" que lhe parece tão simples, seja um talento que você não está percebendo ainda.

Essa dificuldade em reconhecer aquilo no que somos bons tem origem em nossa formação. Muitos de nós fomos educados com uma lógica de superar nossos pontos fracos. Desde a escola – e até mesmo em nossa atividade profissional – muitas vezes fomos estimulados a deixar de lado aquilo que fazemos muito bem e focarmos a energia naquilo que precisamos desenvolver.

Pedro é um CEO que fez uma carreira brilhante. Sua capacidade analítica diferenciada e a forte disciplina de execução fazem dele um profissional de sucesso. Quando recebemos o resultado do seu *feedback*, todas as suas habilidades e seus talentos estavam ali detalhadamente descritos. Todos reconheciam o quão diferenciado ele era. Mas um ponto nos chamava a atenção: eram usuais as citações a uma certa impaciência. Sabemos que o pragmatismo de pessoas que ocupam cargos de alta liderança faz com que esse traço apareça com alguma frequência. As pessoas querem otimizar o seu tempo e, muitas vezes, quando uma pessoa da equipe começa a falar algo, essa liderança já imagina que sabe como aquilo vai terminar e deseja "economizar tempo", interrompendo a fala. Com Pedro não era diferente e a descrição foi confirmada por ele mesmo. Até com certo orgulho, podemos dizer. Quando conversamos sobre talentos e perguntamos se ele reconhecia em si mesmo uma tentativa de buscar "clones" para ocuparem as funções na sua equipe, as pupilas de Pedro chegaram a se dilatar. Como uma pessoa extremamente inteligente que é, logo entendeu nosso ponto: para que sua Marca Pessoal pudesse brilhar e ele conseguisse ter mais tempo para se dedicar ao que faz de melhor, era muito importante que buscasse ter no time diversidade de talentos, ou seja, pessoas que fizessem bem-feito aquilo que ele não faz. Assim, poderia se dedicar com mais foco a gerar valor naquilo que ele realmente se diferencia.

O fortalecimento da Marca Pessoal, portanto, passa por um equilíbrio inteligente entre (I) o quanto de energia vamos colocar em desenvolver aquilo que não fazemos bem; e (II) o quanto de energia vamos colocar em aprimorar aquilo que já fazemos bem para nos tornarmos referências. Não é à toa que o notável professor de Marketing da NYU Stern, Scott Galloway, afirmou em sua famosa recomendação para jovens que queriam ter sucesso em suas carreiras: "Don't follow your passion" ("Não sigam sua paixão"). Nas palavras dele:

> *Sua carreira terá que ser algo que lhe dê algum prazer, mas não confunda foco com "paixão". As pessoas que dizem para você seguir sua paixão já são ricas: siga seu talento. O que acompanha ser ótimo em algo (relevância, admiração, camaradagem, dinheiro) fará com que você se apaixone pelo que quer que seja. O caminho para o sucesso começa exatamente com o foco no seu talento.*[18]

Se você está com dificuldade de identificar seus talentos, recomendamos a avaliação de talentos do Gallup CliftonStrengths[19], que deixa evidentes os 5 principais talentos e ajuda com orientações para transformá-los nos pontos fortes da sua Marca Pessoal.

Autopercepção

Todos nós temos uma percepção sobre nós mesmos. Seja por curiosidade ou necessidade, algumas pessoas investem profundamente em jornadas de autoconhecimento por meio de cursos, terapias, ferramentas de avaliação. Além disso, quem trabalha em empresas e outras organizações pode ter a chance de passar por processos de aprimoramento de autopercepção. Mesmo quem nunca fez nada desse tipo, ainda assim, costuma ter uma opinião sobre si, que vai se formando de maneira intuitiva. Para o trabalho de Marca Pessoal, é importante estruturar esse olhar. Portanto, nessa etapa, você fará um exercício, criando um mapa sobre o que vê em si mesmo. O foco será olhar para si buscando os atributos de marca que considera relevantes para ter uma Marca Pessoal fortalecida em sua área de atuação.

Exercício prático: elaborando um Questionário Base

Sugerimos a elaboração do que chamamos de Questionário Base, no qual você deve listar as questões para as quais deseja obter respostas. É importante pensar primeiro nas respostas que busca, para então elaborar perguntas que levem a elas. De acordo com a sua área de atuação e, principalmente, com seu objetivo, essas perguntas podem variar.

É importante que você busque a especificidade da sua área e do seu momento e, para isso, comece respondendo a estas questões:

- Quais são os principais atributos para profissionais da minha área de atuação?

- Quais desses atributos considero relevantes e sobre quais deles eu gostaria de saber a percepção das pessoas sobre mim?
- O que gostaria que me dissessem, se as pessoas soubessem que eu não teria nenhuma reação?

Em seguida, elabore uma lista de pontos que você gostaria de explorar sobre sua marca e, com base neles, formule as perguntas.

Colocamos aqui alguns exemplos, mas é muito importante fazer a reflexão customizada para cada situação. Exemplos para formulação de perguntas:

- Palavras que vêm à mente das pessoas quando pensam sobre você;
- Situações nas quais você se destaca;
- Habilidades de comunicação;
- Habilidades de liderança;
- *Soft skills;*
- Oportunidades de carreira;
- Oportunidades de desenvolvimento;
- Aspectos específicos da sua diferenciação como profissional.

Você pode deixar o seu questionário base ainda mais elaborado, fazendo um *mix* de formatos de perguntas para obter uma análise mais poderosa. Nossa dica é que alterne entre:

- **Perguntas fechadas:** com opções de respostas predefinidas;

- **Perguntas abertas:** sem opções de respostas predefinidas, que permitam ao respondente trazer insights e sugestões;

- **Perguntas de projeção:** que pedem para o respondente fazer comparações ou metáforas;

- **Perguntas de avaliação:** que pedem classificação ou nota.

Agora, responda ao Questionário Base: como você se percebe em cada um desses aspectos? Responda tudo com a maior honestidade possível. Não minta para si mesmo, não responda aquilo que você gostaria, mas sim aquilo em que realmente acredita. Essas respostas são o resultado da sua autopercepção. Guarde-as para comparar com o que virá no seu *Feedback* 360º.

Percepção do outro – Feedback 360º

Você, sendo você, deixa quais impactos? O que as pessoas falam de você quando não está na sala? Em outras palavras, qual é a **Reputação** que você já construiu com sua trajetória até hoje?

Ao refletir sobre sua autopercepção, você começou a estruturar mentalmente a sua Marca Pessoal. Agora é a hora de entender o quanto essa estrutura que modelou é aderente à percepção das outras pessoas. E só conseguimos saber isso de uma forma: perguntando.

Aprendemos mais sobre nós mesmos quando nos vemos pelo olhar do outro. Só temos uma boa percepção de quem somos e de como impactamos o ambiente ao nosso redor quando comparamos nossa visão sobre nós mesmos com a opinião daqueles que interagem conosco.

Lembrando que marca é sobre percepção, pode ser que as pessoas enxerguem você de uma maneira que considere, por exemplo, distorcida ou exagerada. O que é diferente nessa pesquisa em relação a outros *feedbacks* que você já pode ter feito anteriormente é que aqui não buscamos avaliar sua personalidade nem seu comportamento, mas sim como essa personalidade e esse comportamento são percebidos pelas outras pessoas. Queremos entender qual é o efeito residual: aquilo que fica mais marcante sobre a sua atuação. E percepção a gente não discute, porque não é sobre quem você é de fato, mas sobre a leitura que a outra pessoa tem, como ela observa e filtra a informação que você passa por meio de palavras e atitudes.

Em busca de dados

Um dos grandes aprendizados que tivemos na interação com profissionais e acadêmicos do Vale do Silício é a busca quase obsessiva, num bom sentido, por dados que embasem as hipóteses. Não que não valorizemos a intuição. Valorizamos, e muito. Mas quando se trata de olharmos para nós mesmos, é bastante natural enxergarmos com alguns vieses. Então o que buscamos no *feedback* são comprovações que confirmem aquilo que pensamos sobre nós, ou nos surpreendam com algo que não sabíamos. A intenção dessa pesquisa é, literalmente, puxar você para a realidade, a fim de encontrar caminhos mais claros para potencializar suas fortalezas.

O que buscamos no *Feedback* 360º são padrões. Portanto, frequência é muito importante. Com que frequência as pessoas mencionam determinados aspectos? Quanto maior a frequência com que determinado atributo aparece, maior deve ser o número de vezes nas quais você emite uma informação que é percebida pelas pessoas daquela forma. Por isso, é importante um número mínimo de pessoas respondendo para que possamos eliminar os extremos. Consideramos extremo aquilo que, em algum aspecto, "puxa" o seu *feedback* para um determinado lado da balança.

Por exemplo, Felipe sempre recebeu o *feedback* de ser uma pessoa muito segura. Em seu *Feedback* 360º, não foi diferente: sua autoconfiança na liderança de projetos e a tranquilidade com que maneja situações difíceis saltaram como um dos seus principais diferenciais, sendo mencionados por diversas pessoas. Já no campo de oportunidades para seu desenvolvimento, uma pessoa mencionou que Felipe se desestabiliza e fica inseguro quando temas ligados a direitos das minorias são debatidos. Segundo esta pessoa, a insegurança faz com que Felipe "erre a mão" em sua abordagem. Ora, afinal, Felipe é ou não é uma pessoa segura? Claro que sim, na esmagadora maioria das situações. O fato de uma situação específica ser mencionada é geralmente uma exceção que confirma a regra. Esses sinais são importantes e devem ser considerados. Em pesquisa de mercado, sempre se diz que um grupo, embora pequeno, é sempre representativo de um número de pessoas que deve pensar daquela forma. Porém, o que buscamos aqui é o que a maioria das pessoas enxerga em você. Queremos entender a mensagem principal que a sua marca passa.

Pelo mesmo motivo, tão importante quanto a frequência com que um atributo aparece, é avaliar se esse atributo aparece pouco ou não aparece.

Veja o que aconteceu com Fábio, um consultor na área de planejamento estratégico. Ele é uma dessas incríveis pessoas multitalentosas. Sua capacidade de se relacionar é tão relevante quanto sua habilidade de pensar sistemicamente. Além disso, tem maturidade para gerenciar conflitos. Quando completou o questionário de autopercepção, pontuou que sua característica de marca mais relevante, percebida pelo seu público, certamente deveria ser sua capacidade de pensar estrategicamente. De fato, esse foi um atributo que apareceu no seu *feedback*. Mas surgiu com uma frequência baixa. Em contrapartida, a capacidade de inovação explodiu em menções espontâneas, seguida da sua habilidade com pessoas. Fábio se surpreendeu:

"Quer dizer que as pessoas não percebem o quanto sou capaz de contribuir nas discussões por meio da minha habilidade de pensar estrategicamente?", nos perguntou.

"Não, não é exatamente isso que as pessoas estão dizendo. Elas reconhecem, sim, sua capacidade de pensar estrategicamente. Veja que isso aparece no seu *feedback*. Porém, dois outros atributos de marca que você tem são tão mais fortes, que é quase como se eles 'gritassem' diante dos demais", explicamos.

Esse é um exemplo do que queremos dizer com buscar dados. Em uma linguagem rasa, sair do "achismo". Não esperamos que você se surpreenda fortemente com o *feedback*. Como falamos anteriormente, quase todos temos uma boa percepção sobre quem e como somos. Geralmente, o que pode nos surpreender são justamente essas diferenças de intensidade ou algumas sutilezas que podem estar se revelando numa determinada fase da nossa vida e que não apareciam em outra.

Sabemos que isso pode ser instigante, e até um pouco assustador, mas não se deixe intimidar por esses sentimentos. Se você sentir um frio na barriga nesta etapa, saiba que é absolutamente normal. Olhe pelo lado positivo: fazer esse pedido de *feedback* frequentemente gera confiança e credibilidade, pois demonstra que você é uma pessoa aberta a críticas construtivas, que busca melhorar e se desenvolver. Isso ajuda a construir relações mais fortes com colegas, parceiros, times e clientes. Além disso, confie que o medo das respostas que vierem será superado pela gratificação que terá ao ler o que os outros têm a lhe dizer. Um *feedback* é sempre um presente. As pessoas que respondem querem, de alguma forma, nos ajudar. Alguns clientes recebem mensagens tão profundas que se emocionam. Nós mesmas já nos emocionamos algumas vezes nessas devolutivas.

Encare essa etapa com a mente e o coração abertos para receber o que as pessoas têm a dizer. "Esse *feedback* foi o mais completo que eu já fiz na minha vida profissional. Já fiz outros *assessments*, mas este foi especialmente profundo, e me deu insights realmente acionáveis", escreveu Fábio em seu relato ao fim do nosso encontro.

Exercício prático: como pedir feedback

- **Mande uma mensagem pessoal** – Se o *feedback* é um presente, então ele começa com um pedido. Sua chance de obter respostas aumenta se você enviar uma mensagem pessoal. Escreva algo na sua linguagem, na forma como as pessoas estão acostumadas a receber a sua comunicação. Não seja nem mais nem menos formal do que já é como costume.

- **Escolha pessoas que tenham interagido com você profissionalmente** – Envie o questionário para quem o conhece e que tenha trabalhado com você em certo grau de proximidade. É importante obter respostas com base em experiências reais e não em opiniões.

- **Garanta o anonimato da pesquisa** – Isso é importante para que as pessoas fiquem bastante à vontade para responder. Então sugerimos que disponibilize um link da pesquisa que possa ser enviado por mensagem ou e-mail, reforçando o anonimato. O ideal é contar com a ajuda de uma terceira pessoa para receber e organizar as respostas, garantindo esse ponto. E deixe claro aos respondentes que as mensagens serão tratadas com discrição, assim ficarão mais confortáveis em dar depoimentos sinceros.

Caso você não tenha a possibilidade de contar com a ajuda de um terceiro, seja transparente e peça sinceridade assim mesmo. Saiba que, talvez, as pessoas terão um pouco mais de receio de dar alguns *feedbacks* mais duros, mas, muitas vezes, de maneira sutil, acabam falando tudo o que é importante você saber. Basta ler os sinais com atenção.

Coloque um prazo limite para receber a resposta – é muito importante determinar uma data máxima e que ela não seja muito distante. Pela nossa experiência, 60% das pessoas respondem nos primeiros três dias.

E se eu não puder pedir um Feedback 360°?

Se, por algum motivo, você não puder enviar um pedido de *feedback* para um grupo de pessoas, por qualquer motivo que for, sugerimos que faça uma versão reduzida desse processo. Primeiro, busque três pessoas com quem tem certa intimidade e peça a elas um *feedback* sincero. Baseie-se nos temas que listamos acima e nas perguntas da sua autopercepção. Dicas para essa conversa funcionar bem:

- **Peça sinceridade.** Explique que, quanto mais ela for sincera, mais ajuda você;
- **Ouça.** Ouça com a mente, mas também com o coração;
- **Tente não responder ou justificar.** Talvez você considere importante concordar para que a pessoa se sinta mais à vontade. Não faça isso.

Não tente também explicar nem justificar as respostas que você for recebendo. Somente aceite;

- **Anote.** Nós esquecemos boa parte do que ouvimos. Então, por melhor que seja a sua memória, registre.

Fechando seu Diagnóstico de Marca

Este é um dos momentos mais importantes do método, pois é quando conseguimos fazer uma análise de todos os dados coletados trazendo para a sua realidade e objetivo futuro.

Para fechar seu Diagnóstico de Marca, é a hora de cruzar as suas respostas com as dos seus respondentes. Como as questões que você enviou para as pessoas são as mesmas que respondeu sobre si no exercício de autopercepção, também poderá comparar os entendimentos e avaliar quão parecidas ou diferentes são.

Além disso:

1. Aproveite *feedbacks* e avaliações qualitativas do passado. Se em outros momentos de sua vida já recebeu algum outro *input*, aproveite para incorporá-los, fazendo uma retrospectiva sobre todos os momentos da vida nos quais você aprendeu algo sobre si;
2. Reflita sobre aquilo que você já sabe que as pessoas pensam de você, mesmo que não tenha um *feedback* formal.

Depois, compare os *feedbacks* antigos com o *Feedback* 360º que acabou de fazer. Esse é mais um recurso para fazer um bom mapeamento da sua marca e definir o que lhe dá mais visibilidade na sua atuação profissional.

Avalie seus talentos e reflita como está colocando em ação e qual efeito isso gera no seu entorno. Em outras palavras, analise o que as pessoas percebem que você faz naturalmente bem e como isso se reflete na sua Marca Pessoal.

Compare a imagem que você projeta sobre si com a imagem percebida pelo seu público e veja onde estão as maiores convergências, bem como as divergências.

Tirando aprendizados de um Feedback 360°

É aqui que o Método FLY® começa a ganhar forma.

Mais do que dados, um *feedback* precisa gerar valor ao trazer insights poderosos sobre como as pessoas percebem você. Além disso, quando é bem estruturado, pode ajudar a identificar oportunidades no mercado, permitindo que você faça algum ajuste na sua marca para oferecer algo único e valioso para seu público.

Quando uma pessoa participa de um processo de *feedback* pela primeira vez, ela pode se surpreender ao analisar os seus resultados. Pode fazer conexões importantes sobre si, tirar aprendizados, ou até mesmo negar e rejeitar os resultados.

Já quem se conhece um pouco mais, seja porque investiu em ferramentas de autoconhecimento, seja porque já participou de processos estruturados nos locais em que trabalhou, pode ter uma reação como "eu já sabia tudo isso sobre mim".

Para ambos os perfis, fazemos um convite: permita-se surpreender. Inclusive com o que já sabe sobre você.

Contamos sobre Fábio, esperando que um atributo aparecesse com maior intensidade do que na realidade aconteceu. Já com Juliana, ocorreu o contrário. Ela tinha certeza de que sua experiência como executiva de empresas de óleo e gás apareceria no *feedback*, mas não imaginava que seria considerada uma referência. Quando recebeu uma avalanche de comentários reforçando esse atributo, sua reação foi de um agradável espanto. O reconhecimento das pessoas era maior do que esperava. E o que já sabia sobre si mesma apareceu com uma intensidade muito maior do que imaginava.

Outra forma de aprender mais sobre você com um *Feedback* 360° é por meio da ausência de atributos. Isto é, pela "não resposta." Faça uma reflexão sobre aquilo que você esperava receber como reconhecimento, mas que não apareceu. Para fazer essa reflexão de maneira estruturada, sugerimos um instrumento chamado Janela de Johari, uma ferramenta excepcional para analisar tanto relacionamentos pessoais quanto profissionais.

A Janela de Johari tem esse nome porque foi desenvolvida por Joseph Luft e Harrington Ingham, usando a junção das sílabas iniciais "Jo + Hari" dos nomes dos pesquisadores e psicólogos norte-americanos. Seu objetivo é ajudar a compreender melhor a comunicação entre relacionamentos interpessoais. Refletindo de uma forma estruturada sobre as respostas recebidas, e com o apoio de uma boa ferramenta, você ampliará sua capacidade de transformar os insights em ações que pode implementar imediatamente.

Como usar a Janela de Johari

Usando os dados que você obteve até aqui, responda às perguntas relativas a cada um dos quadrantes, tendo sempre em mente que o foco é colocar luz nos seus aspectos positivos. Vamos trabalhar nos *gaps* – os seus pontos fracos – somente se eles forem obstáculos ao alcance dos seus objetivos.

Embora a Janela de Johari tenha quatro quadrantes, vamos usar os três primeiros para nossa análise. Não trabalhamos com o quarto quadrante, pois ele diz respeito ao inconsciente, que não faz sentido para essa análise.

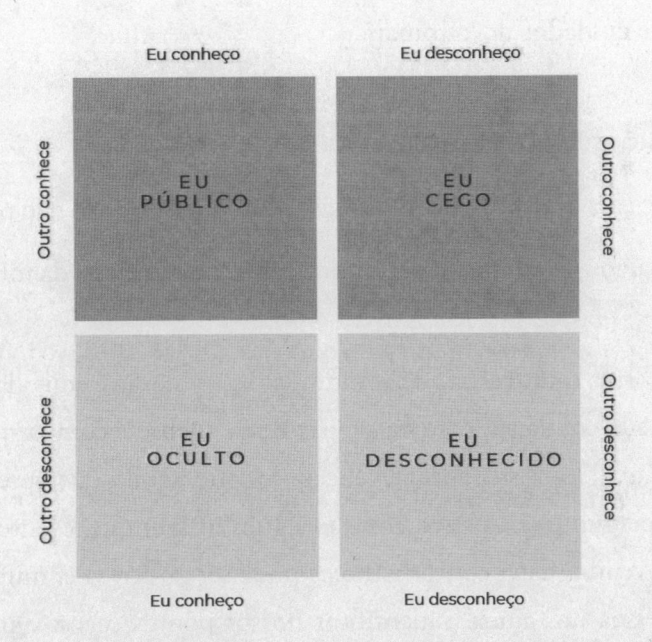

	Eu conheço	Eu desconheço	
Outro conhece	EU PÚBLICO	EU CEGO	Outro conhece
Outro desconhece	EU OCULTO	EU DESCONHECIDO	Outro desconhece
	Eu conheço	Eu desconheço	

Reflexões Eu Público:

- Quais são minhas características mais marcantes, pelas quais as pessoas me reconhecem e que também reconheço em mim?

- Quais delas são relevantes e atraentes para o público com quem quero me relacionar?

- Quais podem me ajudar a me diferenciar positivamente em relação a meus colegas/pares? Ou seja, quais eu gostaria de fortalecer/explorar na próxima etapa da minha vida?

Reflexões Eu Cego:

- Quais são minhas características observadas pelas pessoas sobre as quais eu não havia me dado conta?
- Que oportunidades elas me trazem?
- Que cuidados devo tomar?

Reflexões Eu Oculto:

- Que características reconheço em mim que os outros não percebem?
- Há algo que eu queira deixar mais visível nessa etapa da minha vida?

Uma forma muito eficaz de aprofundar essa reflexão é convidar alguma pessoa da sua confiança para participar dessa análise e compartilhar com ela seus resultados e sua autopercepção. Mostre aquilo que aprendeu sobre você, pergunte se a pessoa enxerga algum insight que, eventualmente, não esteja vendo. Uma conversa franca pode ser poderosa e, muitas vezes, a outra pessoa nos ajuda a identificar nossos pontos cegos. Quando eu, Susana, estou dando aula de Marca Pessoal, gosto de usar o recurso de colocar as pessoas em duplas ou trios para discutirem seus achados. É muito frequente os alunos dizerem que o tempo foi curto. Isso acontece porque essa discussão tende a ser muito profunda e produtiva, pelo olhar cruzado de uma pessoa para a outra.

Depois de analisar a Janela de Johari, sugerimos que você liste algumas ações de mudança que possa implementar imediatamente, alinhadas aos insights que teve no seu *Feedback 360º*.

Para chegar a essas ações, pense em como poderia usar esses dados para aumentar seu sucesso e sua realização pessoal. Como seus pontos fortes podem agregar valor à sua Marca Pessoal? Quais mudanças você precisa fazer para minimizar os pontos que podem atrapalhar?

É importante listar ações e colocar em prática já. Dessa forma, começará a movimentar sua Marca Pessoal e a sintonizar seu estado mental com a sua nova atitude.

Mapeando seu DNA de Marca

Quando começamos esse processo, você definiu uma meta, um lugar de reconhecimento em que gostaria de estar e refletiu sobre sua Identidade. Agora vamos conectar todos esses pontos e ancorar sua meta em uma visão mais ampla da sua vida e do que deseja construir.

Você já tem uma boa visão de como a sua Marca Pessoal é percebida e sabe quais talentos são a base para seus pontos fortes, então vamos fazer uma reflexão mais profunda sobre aquilo que deseja conquistar, fazendo um mapeamento do DNA da sua marca. Ele será a base para uma comunicação consistente, autêntica, que vem do coração. Se não tiver isso claro, pode ser que você perceba um bloqueio para trabalhar sua Marca Pessoal, como aconteceu com Cristiano, CEO de uma empresa de bebidas, que nos relatou a seguinte dificuldade: "Quero produzir um conteúdo inspirador, e não tenho tempo. Porém, ninguém que eu contrato para me ajudar com isso consegue escrever de um jeito que eu me sinta representado".

Carolina, uma executiva de marketing que nos procurou para a implementação de um programa de embaixadores da marca para a alta liderança de uma empresa da indústria farmacêutica, trouxe uma queixa muito similar à de Cristiano: "Já contratei uma assessoria de imprensa, uma agência de marketing e até um freelancer para nos ajudar a produzir o conteúdo dos executivos do grupo. Mas parece que ninguém consegue falar a nossa língua. Eles não conseguem encontrar a nossa voz, e produzem conteúdos sem alma".

==Isso não acontece por falta de competência dos fornecedores de conteúdo, mas por falta de um direcionamento estratégico maior, que não seja baseado somente em metas, mas sim em significado.==

Com o Mapeamento do DNA, as respostas para as perguntas a seguir ficarão claras:

- Por que estamos produzindo esse conteúdo?
- Que transformação queremos gerar nas pessoas?
- Qual é o resultado a longo prazo que queremos deixar para o mundo?
- O que muda nas pessoas que impactamos com o nosso trabalho se nossos planos se concretizarem?

Além disso, as respostas formam uma espécie de amarração única e exclusiva de sua Marca Pessoal. Pode até existir alguém que atue no mesmo segmento, com o mesmo cargo e objetivos de mercado até parecidos, mas suas motivações pessoais podem ser radicalmente diferentes. Estamos falando de valores, visão, propósito e estado de *flow*. Elas são o detalhamento do DNA da sua Marca Pessoal e, assim como o DNA genético, podem até sofrer alguma alteração com o tempo, mas seguirão carregando a informação essencial: quem você é e o que te move.

Seus Valores

Nossos valores definem o nosso comportamento. Segundo o *coach* Tony Robbins, eles direcionam a pessoa que queremos ser, influenciando a forma como tratamos os outros e como interagimos. Portanto, determinam quem nós somos e como interagimos com o mundo ao nosso redor. Os valores são influenciados pelas experiências que temos e pelas pessoas que nos cercam. Robbins também destaca que eles podem mudar ao longo do tempo, à medida que nossas experiências e prioridades mudam. Portanto, incentiva as pessoas a fazerem uma avaliação regular de seus valores e a ajustá-los conforme necessário, a fim de garantir que estejam sempre alinhados com seus objetivos e propósitos de vida.[20]

Use seus valores como guias para tomar decisões e conduzir sua vida de acordo com seus propósitos e objetivos.

Seus valores foram formados a partir de suas vivências, experiências pessoais e profissionais, pessoas com quem convive e o ambiente no qual você se insere. Eles impactam tremendamente a Marca Pessoal. Por exemplo, se segurança é um valor para uma pessoa, ela está o tempo todo buscando se relacionar com pessoas em quem confia, fazer investimentos seguros, planejar suas ações para não ser surpreendida por suas consequências.

> **SEGUNDO O COACH TONY ROBBINS, ELES DIRECIONAM A PESSOA QUE QUEREMOS SER, INFLUENCIANDO A FORMA COMO TRATAMOS OS OUTROS E COMO INTERAGIMOS."**

Para reconhecer seus valores, propomos uma atividade prática. Não queremos que faça uma lista com palavras bonitas, mas que pense pragmaticamente. Valor é aquilo que você valoriza de fato. Na prática, é onde colocamos o nosso tempo, nossos recursos, nossa energia. Se quiser saber o que uma pessoa valoriza, olhe para a forma como ela investe seus bens mais valiosos – seu tempo e dinheiro. Também veja como é a sua agenda e onde coloca seus recursos.

Valor-meio x valor-fim

Algo comum é as pessoas refletirem como Malu: "Ah, a maior parte do tempo eu passo trabalhando, mas isso acontece porque o que eu mais valorizo é a minha família, e eu trabalho muito para garantir uma boa vida para ela". Por isso, é importante fazermos uma distinção entre o que é valor-meio e o que é valor-fim.

Valores-fim são abstratos e representam estados emocionais mais profundos, aquilo que desejamos para nós e que nos traz realização.

Valores-meio são formas de atingirmos nossos valores-fim.

Para Malu, o valor-fim é aquilo que ela acredita que a família lhe proporciona: pode ser amor, intimidade, segurança. Veja que "família" pode significar recompensas emocionais diferentes, dependendo do significado que "família" tem para cada um.

No caso de Malu, a recompensa financeira vinda do trabalho é a sua forma de nutrir o seu valor-fim, que é a família. Portanto, trabalho e dinheiro são seus valores-meio. Ela poderá dizer que valoriza tremendamente, e até sacrifica, momentos familiares em prol do seu trabalho, pois, mentalmente, ela está fazendo aquilo para priorizar seu valor maior.

Exercício prático

Avalie a lista a seguir e faça uma reflexão sincera consigo sobre quais são os seus valores, tanto valores-fim quanto valores-meio, em ordem de prioridade:

- Amor / Afetos;
- Aventura;
- Bem-estar;
- Conforto;
- Conquista;
- Espiritualidade;
- Generosidade;
- Hedonismo;
- Liberdade;
- Intimidade;
- Poder;
- Paixão / Emoção;
- Reconhecimento;
- Saúde;
- Segurança;
- Sucesso.

Se não encontrar na lista algum valor que seja relevante para você, adicione. A lista de valores é enorme, algumas pessoas preferem, por exemplo, dizer "estabilidade" em vez de "segurança". O importante é que a palavra represente o seu sentimento.

Revisite a sua meta com este processo de Marca Pessoal – aquela que você estabeleceu na reflexão de abertura do Capítulo 5 – e avalie o quanto ela está direcionada a atender seus valores-meio e/ou seus valores-fim. Não há certo e errado aqui. A intenção não é que você mude nada, somente identifique e se aproprie de qual é a sua motivação. Quanto mais se conhece e entende de onde vem a sua inspiração, mais tem força para perseguir seus objetivos.

Reconhecendo o que está por trás do seu desejo de Marca Pessoal, será mais fácil fazer ajustes de rota, se forem necessários. Você também pode, eventualmente, querer mudar sua meta ou mudar um valor-meio para preservar o que busca como valor-fim.

Otávio é um executivo que passou por uma infância difícil e graves problemas financeiros no começo da sua vida profissional. Esse ambiente fez com que "segurança" fosse um valor-fim estruturante para ele. Porém, hoje, Otávio já é um executivo de sucesso que acumulou um patrimônio relevante. Ainda assim, segue sendo bastante conservador em suas decisões, em função de seu histórico. O impacto na sua Marca Pessoal é que ele acaba perdendo oportunidades de alianças e parcerias por causa de sua cautela. Otávio poderia se beneficiar muito de maior visibilidade em redes de *networking* com outros executivos, com os quais pudesse trocar experiências e trazer ideias inovadoras para a empresa em que atua. Apesar de ter esse desejo, sua tendência natural é se manter mais reservado. Se Otávio não reconhecer a origem da sua motivação, pode tanto ser criticado quanto se criticar duramente por não ter determinado tipo de comportamento. Pode querer trabalhar sua Marca Pessoal em grupos de *networking*, mas sentir algum tipo de trava para fazer isso. O exercício que recomendamos a ele, como o primeiro passo, é o de rever quais valores são prioridade.

Quando tomamos consciência dos valores que guiam nossas ações, fica mais fácil identificar como nossos comportamentos no dia a dia estão conectados com a satisfação desses valores – e podemos passar a agir ativamente para modificá-los. Isso não significa que Otávio não vá mais se preocupar com segurança. Significa que ele já atingiu um nível de segurança bastante satisfatório, podendo deixar de ser refém de uma experiência e passar a se guiar por novos valores que façam mais sentido com seus objetivos atuais. Cada pessoa pode estabelecer sua estratégia para essa mudança de paradigma mental ou se valer da ajuda de profissionais especializados.

Se você ainda ficou com dúvida sobre como identificar quais são os valores que prioriza, esta dica pode ajudar: sabemos que algo é um valor para nós quando ele é violado. Pense nos momentos em que sentiu que uma pessoa ou uma situação lhe ofendeu profundamente: ali está algo que é um valor para você.

Valores são elementos inegociáveis. Você provavelmente já pensou sobre isso em algum momento de sua vida. Então agora é a hora de revê-los porque dão os limites da sua Marca Pessoal e definem seu território de atuação.

Visão Pessoal

Se visão é o que você enxerga à sua frente, a Visão Pessoal é, literalmente, aquilo que quer ver acontecer, o que gostaria que acontecesse, como gostaria que o mundo estivesse... Tudo isso pensando na sua área de atuação! É a definição do que acha possível alcançar ou transformar dentro do seu segmento profissional. É muito importante que essa aspiração tenha relação com o que você faz. Em uma pesquisa da McKinsey de 2022, 70% dos profissionais entrevistados revelaram que o senso de propósito pessoal é definido pelo trabalho.[21] Isso não é à toa. Nosso trabalho é uma parte importante da nossa Identidade e, quanto mais próximo ele estiver do que nos traz sentido, maior a chance de termos sucesso e felicidade. O psicólogo organizacional Adam Grant certa vez disse que "o antídoto para o *burnout* pode não ser necessariamente menos trabalho. Pode ser ter mais significado".

Por isso, dedique um tempo para refletir sobre sua visão. Pode ser algo que realize só, ou uma contribuição que queira dar para construir algo maior, mas é um desejo grande que o motive. Isso vale tanto para sua atuação atual como para uma área futura para a qual deseje migrar.

Exercício prático

Para elaborar sua visão, propomos as seguintes reflexões:

- Se eu fizer, por muitos anos, o que me proponho, o que será modificado no mundo?
- Dentro do ambiente no qual atuo, na minha arena profissional, qual é o legado que vou deixar se atingir as minhas metas?
- É isso que gostaria de ver como resultado da minha atividade profissional?

Se achar que a sua Visão Pessoal está muito abstrata, pense em um problema que poderia solucionar ou uma área que possa transformar ou melhorar. Não se preocupe em escrever um texto para impactar outras pessoas. Basta que a Visão Pessoal faça sentido para você. Além disso, ela pode – e deve – ter emoção. Geralmente, quando escrevemos nossa Visão Pessoal, ela vem do coração. Em síntese: sua Visão é o legado que quer deixar.

Propósito Pessoal

Com a sua declaração de Visão Pessoal definida, fica mais natural pensar no seu Propósito. Algumas pessoas poderão chamar o Propósito de missão, não há problema nenhum nisso, pois o importante é o conceito.

Existe, hoje, uma avalanche de conselhos de autoajuda propondo a resolução, numa frase de impacto, da difícil questão de trabalhar de maneira alinhada com seu propósito. É frequente recebermos pessoas

> **" O ANTÍDOTO PARA O BURNOUT PODE NÃO SER NECESSARIAMENTE MENOS TRABALHO. PODE SER TER MAIS SIGNIFICADO."**
>
> Adam Grant

desapontadas consigo mesmas por não acreditarem que sua atuação tem um propósito nobre, uma vez que não atuam diretamente no terceiro setor nem promovem ações com impacto social.

Em Marca Pessoal, no entanto, o Propósito é o que você já faz e fará para realizar sua Visão Pessoal. Como vai agir no mundo para promover a concretização da sua visão? O que, literalmente, "se propõe" a fazer para que sua visão aconteça, mesmo que seja apenas naquele pedaço do mundo que consegue impactar? Esse é o seu Propósito. Essa é a sua Missão.

Veja como a Visão Pessoal e o Propósito Pessoal se relacionam com estes exemplos.

A Visão Pessoal de Naná Feller, uma profissional de comunicação e processos colaborativos, é *"Sharing is caring"*, em português, "Compartilhar é cuidar". Isso é o que ela quer ver acontecendo no mundo.

Já o Propósito Pessoal é a contribuição que ela se propõe a dar: "Garantir que cada projeto do qual participar ou liderar tenha um representante de um grupo com seus direitos minorizados".

Já Karina Lima, uma experiente executiva em *"big techs"*, sempre exerceu uma liderança muito humanizada, instigando seu time a encontrar sentido pessoal no trabalho. Sua Visão Pessoal é um reflexo dessa forma de pensar: "Expandir o conceito de sucesso do cliente para todas as relações, sejam elas profissionais, pessoais ou filantrópicas. Não acredito em PF e PJ. Somos um ser único e falamos de pessoas para pessoas. Quando conectamos nosso trabalho com nossos valores, unindo cérebro e coração, encontramos alta performance com propósito e criamos uma relação em que todos ganham: pessoas, empresas e a sociedade".

Já o Propósito Pessoal de Karina, ou seja, o que ela se propõe a fazer para que o mundo se aproxime desta Visão é: "Praticar alta performance com propósito, conectando indicadores de sucesso tradicionais a práticas de filantropia e bem-estar. Promover ambientes nos quais as pessoas possam performar no seu melhor potencial, visando a seu sucesso, do seu cliente e das causas com as quais se conectam".

Uma visão não precisa ter um texto longo para ser profunda e relevante. Veja o exemplo de Fátima Pessoa, uma educadora somática e *personal trainer.*

- **Visão Pessoal:** "Sentir dor não deve ser normalizado".
- **Propósito Pessoal:** "Eu trabalho para que as pessoas consigam praticar os esportes que amam, na melhor condição física possível e com o mínimo de dor".

Exercício prático

Algumas perguntas para pensar sobre o seu Propósito:

- Como você pode contribuir para que sua Visão Pessoal seja atingida? O que pode fazer para aquilo que quer que aconteça no mundo se torne realidade?

- Se você conseguir fazer aquilo que se propõe a fazer no seu trabalho, qual é o impacto?
- À medida que você coloca seu talento a serviço do mundo, quanto mais próximo o mundo fica da sua Visão Pessoal?

Olhe novamente para a meta que você desenhou no capítulo 5. E avalie se ela está alinhada com sua Visão Pessoal e seu Propósito Pessoal.

Estado de Flow

Ao trabalhar sua Marca Pessoal, muitas pessoas buscam seguir, literalmente, um mantra "ame o que você faz, faça o que você ama". Aquilo que amamos são as atividades, interesses ou tópicos que nos fascinam, motivam e energizam. Nos fazem pular da cama cedo animados ou conversar com entusiasmo por horas. Fazer o que se ama é buscar a felicidade por meio do trabalho, das atitudes, dos *hobbies*. Para identificar como isso acontece na prática, é preciso entrar em um estado de ótima consciência chamado *flow*.

A definição de *flow* foi desenvolvida por Mihaly Csikszentmihalyi e caracteriza o momento no qual a pessoa está tão envolvida com aquilo que ela está fazendo que nada mais importa. Atingimos um grau de concentração tão grande que nos esquecemos dos demais problemas, o senso de tempo se torna distorcido, podendo passar muito rápido ou muito devagar. Você entra num estado de imersão tão grande que seu cérebro não consegue focar em nada mais além daquilo. Este é o estado de *flow*.

Não é à toa que Mihaly é um dos principais pensadores da psicologia positiva. E esse conceito está intrinsecamente ligado ao que falamos sobre talentos. Quanto mais sua meta de Marca Pessoal estiver alinhada com algo que coloque você em estado de *flow*, maior a sua chance de sucesso. O que estiver fazendo não pode ser nem tão desafiador (ou seja, distante dos seus talentos) que gere um estado de ansiedade, nem tão fácil para suas habilidades, a ponto de instalar um sentimento de tédio. Quando você se coloca no meio desses dois extremos, pode desenvolver um grande prazer em se desafiar, se superar e ir cada vez um pouco mais longe nesse processo. Com isso, vai se tornando melhor naquilo que se propôs a fazer. Nas palavras de Csikszentmihalyi: "Os melhores momentos de nossas vidas não são os momentos passivos, receptivos e relaxantes. Os melhores momentos geralmente ocorrem quando o corpo ou a mente de uma pessoa são levados ao limite, em um esforço voluntário para realizar algo desafiador e significativo".[22] Fica claro, portanto, que fazer o que se ama é menos sobre gostar ou não de algo e mais sobre a competência natural que temos para fazer algo extraordinariamente bem e que nos traz reconhecimento por isso.

Exercício prático

Identifique as situações profissionais nas quais perceba que acontecem com você as oito características de *flow* descritas por Csikszentmihalyi:

- Concentração total na atividade;
- Clareza de objetivos e sentimento de *feedback* imediato;
- Distorção do tempo (aceleração/desaceleração);
- A experiência é intrinsecamente gratificante;
- Pouco esforço e facilidade de execução;
- Existe um equilíbrio entre desafio e habilidades;
- Ações e consciência se fundem;
- Há um sentimento de controle sobre a tarefa.

Compare o que descobriu com a sua meta de Marca Pessoal. Aquilo que pretende fazer está alinhado com aquilo que faz de melhor e que tem potencial de lhe trazer felicidade?

Consolidando sua Identidade

Chegou a hora de juntar tudo o que você já refletiu sobre si.

Para organizar tantas ideias de um jeito simples, mas que ao mesmo tempo dê conta de abranger toda a profundidade que percorreu, sugerimos uma ferramenta chamada *Golden Circle* (Círculo Dourado, em português). Ela se tornou popular quando, em 2009, Simon Sinek brilhantemente organizou a Identidade assim:

- **Nossas Ações** = o QUE fazemos, aquilo que concretamente colocamos no mundo;

- **Nosso Jeito de Ser** = COMO fazemos, a forma como estabelecemos relações, nossa maneira particular de ser e interagir no mundo;

- **Nossa Visão** = POR QUE fazemos, aquilo que nos move, nossos valores, a forma como enxergamos o mundo.

POR QUE   COMO   O QUE

Este modelo é baseado na antroposofia, uma disciplina criada por Rudolf Steiner que consolidou saberes de culturas diversas e organizou o que chamou de "As 3 dimensões da Identidade" como sendo a reunião de três perspectivas que se complementam de maneira integrada para formação da Identidade. "Caminhar" por esse círculo nos traz insights muito interessantes sobre nós mesmos.

Vamos começar avaliando quanto essas dimensões são mais ou menos tangíveis. Começando de fora para dentro percebemos que, quanto mais do lado de fora, mais nossas ações tendem a ser mais tangíveis e concretas.

É geralmente mais fácil descrever O QUE fazemos. Isadora é executiva e lidera um time de marketing. Alberto é médico endocrinologista e atende pacientes em sua clínica. Carolina é desenvolvedora de softwares.

Já quando caminhamos para o COMO, isso começa a ficar um pouco mais intangível. Isadora é organizada e disciplinada. Alberto é bastante técnico e, ao mesmo tempo, humano. Carolina é detalhista e cuidadosa. Perceba que, na dimensão do COMO, ainda conseguimos enxergar, perceber.

Já quando caminhamos para a dimensão do PORQUÊ, entramos no campo daquilo que é totalmente intangível e passamos a deduzir a partir do que vemos e sentimos. Nos três exemplos, o valor essencial por trás das atitudes dos profissionais é o "respeito". Mas, para cada um deles, esse valor se manifesta de maneira particular, se desdobra em suas formas de atuarem.

Isadora acredita que a organização é uma forma de respeitar o tempo e o trabalho das outras pessoas; por isso, seu *Golden Circle* ficou assim:

Isadora

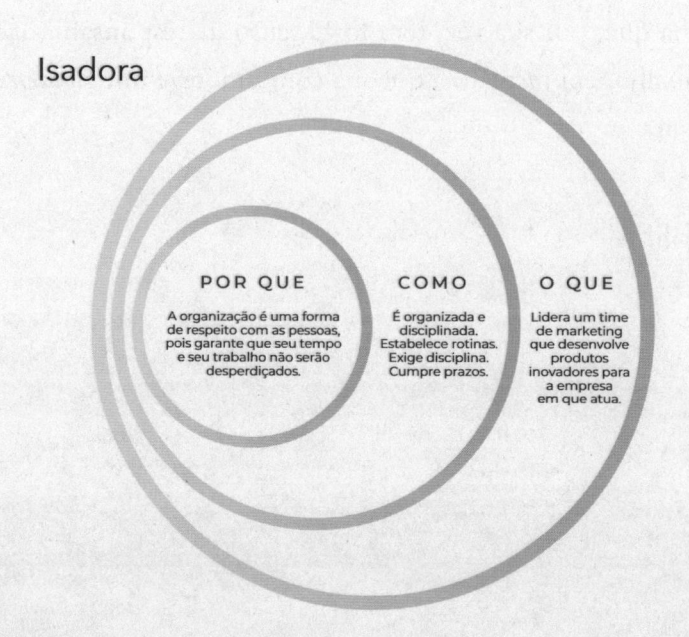

POR QUE
A organização é uma forma de respeito com as pessoas, pois garante que seu tempo e seu trabalho não serão desperdiçados.

COMO
É organizada e disciplinada. Estabelece rotinas. Exige disciplina. Cumpre prazos.

O QUE
Lidera um time de marketing que desenvolve produtos inovadores para a empresa em que atua.

Já Alberto acredita que uma forma de respeito aos pacientes é não somente proceder com embasamento científico, mas os ajudando a entender o que está sendo feito; por isso, seu *Golden Circle* ficou assim:

Alberto

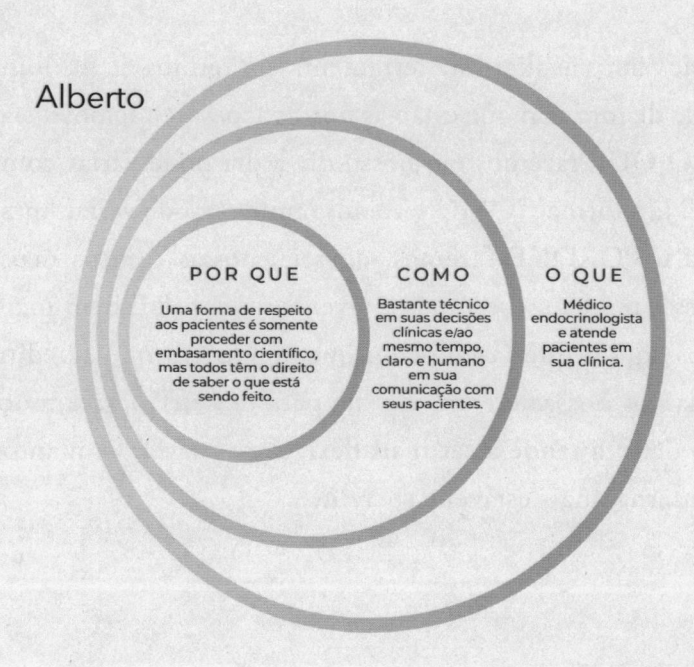

POR QUE
Uma forma de respeito aos pacientes é somente proceder com embasamento científico, mas todos têm o direito de saber o que está sendo feito.

COMO
Bastante técnico em suas decisões clínicas e/ao mesmo tempo, claro e humano em sua comunicação com seus pacientes.

O QUE
Médico endocrinologista e atende pacientes em sua clínica.

Carolina que, por sua vez, tem forte senso de responsabilidade sobre seu trabalho, em respeito a quem a contrata, teve um *Golden Circle* desta maneira:

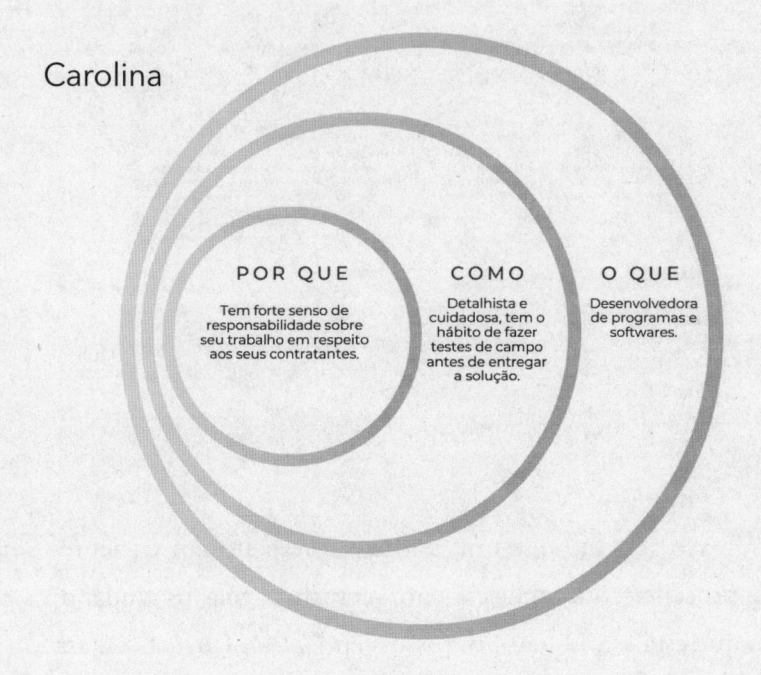

Carolina

POR QUE
Tem forte senso de responsabilidade sobre seu trabalho em respeito aos seus contratantes.

COMO
Detalhista e cuidadosa, tem o hábito de fazer testes de campo antes de entregar a solução.

O QUE
Desenvolvedora de programas e softwares.

Agora, vamos avaliar esta ferramenta em termos de flexibilidade. Na camada de fora, em que estão as nossas ações, tendemos a ser mais flexíveis. O QUE fazemos em nosso dia a dia pode variar com mais facilidade. Já a forma COMO fazemos também pode variar, mas varia menos. Já o PORQUÊ fazemos, ou seja, nossas crenças mais profundas, essas tendem a ser mais estáveis no tempo. É bem mais fácil mudarmos aquilo que fazemos do que aquilo em que acreditamos. Não mudamos nossas crenças do dia para noite. Por esse motivo, a dimensão de fora tende a ser mais flexível e variável, enquanto a dimensão interna, mais estável e coerente.

POR QUE   COMO   O QUE

Estável e consistente   Flexível e variável

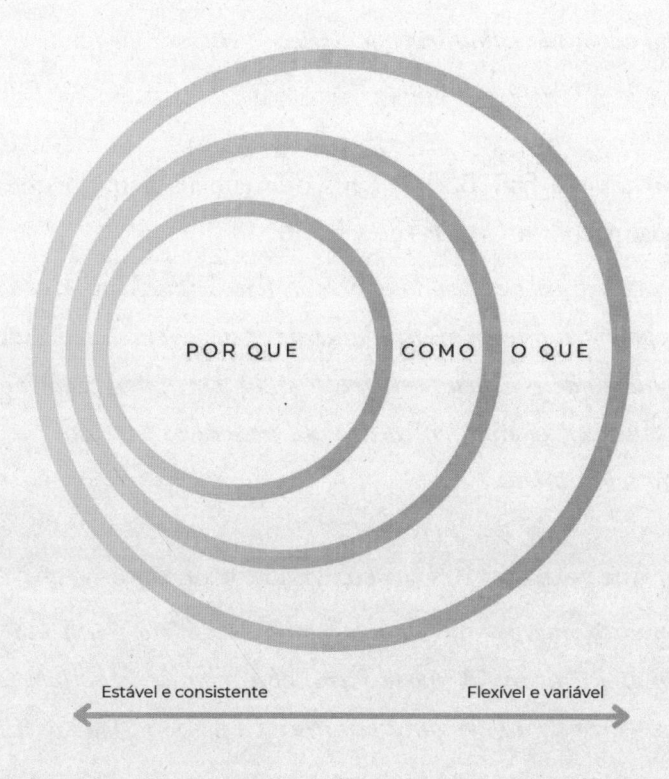

Agora que você entendeu como funciona a ferramenta do *Golden Circle* e a diferença de intensidade entre suas camadas, convidamos para preencher essas três dimensões, consolidando tudo o que já refletiu sobre si.

Você pode pensar: "Nossa, mas é muita coisa! Como vou colocar tantos insights em uma estrutura tão pequena?". A ideia é essa mesmo. Queremos que sintetize as informações e seja capaz de organizar tudo aquilo que aprofundou sobre si em uma estrutura simples. Imagine que está se apresentando para alguém e precisa achar uma maneira direta e poderosa de mostrar quem você é. Veja o exemplo da Noeli, uma advogada.

- **O que você faz?** Responda de maneira específica e concreta.

"Sou advogada tributária especializada em sucessão familiar, atuando em um escritório boutique."

- **Como você faz?** Busque seus diferenciais naquilo que foi dito pelas pessoas no seu *Feedback* 360º.

  "Estou sempre estudando e me aperfeiçoando. Mas também invisto tempo em conhecer profundamente meus clientes. Considero que o problema deles é meu também. Eles sentem o meu comprometimento tanto na esfera técnica quanto pessoal e, por isso, me indicam para seus amigos."

- **Por que você faz?** Resgate sua visão e propósito.

  "Acredito que o bom planejamento sucessório é um ato de amor com os que ficam. A morte é um tabu, mas é preciso falar sobre isso para garantir a harmonia familiar e a perpetuidade patrimonial."

Muitas pessoas que acreditam não ter nenhuma diferenciação como profissionais podem estar buscando seu diferencial na resposta para O QUE fazem. No entanto, muitas vezes o que fazemos é rapidamente copiável por outra pessoa. E está tudo bem. Aliás, isso é algo com o qual os pioneiros sofrem mesmo. Geralmente, nos diferenciamos pela forma COMO fazemos. Por aquele jeito particular, singular, que tem a ver com a nossa Identidade, nosso repertório e valores. E a base do nosso COMO geralmente vem do nosso PORQUÊ – o que nos leva a fazer o que fazemos, da forma como fazemos.

Agora você pode entender por que essa investigação tão profunda leva a descobrir diferenciais poderosos para sua carreira e sua vida.

Encontrar essa singularidade é um dos segredos do fortalecimento de uma Marca Pessoal.

Exercício prático para concluir seu DNA de Marca

Preencha seu *Golden Circle*, respondendo às seguintes questões:

• **O que você faz?**
Responda de maneira específica e concreta e lembre-se de checar se a atividade que descreve coloca-o em estado de *flow*.

• **Como você faz?**
Busque seus diferenciais naquilo que foi dito pelas pessoas no seu *Feedback* 360º e foque os pontos que sejam mais singulares do seu jeito de fazer e, por isso, mais difíceis de serem copiados.

• **Por que você faz?**
Resgate Visão, Propósito e Valores.

Eu tive o prazer de conhecer a Giu e trabalhar com ela em um momento muito significativo da minha vida, tanto pessoal quanto profissionalmente. Eu estava passando por uma transição importante, deixando um emprego em uma clínica renomada aqui em São Paulo para realizar o meu sonho de ter a minha própria clínica, que hoje leva o meu nome: Clínica Patricia Mafra.

Durante esse processo, trabalhar minha Marca Pessoal foi fundamental. A Giu me ajudou a reconhecer e relembrar meus valores, meu propósito de vida, e fortalecer não apenas o meu nome, mas também a minha identidade no mundo e a diferença que posso fazer na vida das pessoas e, principalmente, dos meus pacientes. Ela foi essencial em todas as etapas dessa mudança e realização do meu sonho. Trabalhar a Marca Pessoal é algo importante para todos nós, e foi a Giu quem deu início a esse projeto, construindo esse sonho dentro da minha área de atuação, a dermatologia, que sempre foi minha paixão e propósito de vida. Construir minha clínica e fortalecer minha Marca Pessoal foram conquistas que contaram com a ajuda fundamental da Giu nesse processo.

Dra. Patrícia Mafra,
Médica dermatologista - Fundadora da Clínica Patrícia Mafra

UMA HISTÓRIA

"O processo de Marca Pessoal com a BetaFly foi decisivo para que eu identificasse com clareza qual é o meu posicionamento. A partir daí, quando organizamos a minha narrativa, consegui ampliar minha atuação e visibilidade com os principais stakeholders de um mercado completamente novo para mim, e já vejo os resultados."

Cintia Capasso - Co-Founder Wecap Tech no Brasil. Audiologista Pediátrica - Hospital Stanford Children's Health

Quando Cintia Capasso nos procurou, ela já tinha clareza sobre o que faria como próximo passo da sua carreira: queria deixar de trabalhar em um dos maiores hospitais do mundo, o de Stanford, e empreender. Já havia atingido o patamar máximo naquele hospital em sua área, Audiologia Neonatal. Gostava de seu trabalho, se sentia realizada, mas entendia que era o momento de pensar no próximo passo de sua carreira.

Quando conheceu, numa feira de ciências em Stanford, o Foldscope, um microscópio de baixo custo, feito de papel e cujas lâminas são reutilizáveis, uma luz se acendeu. Ela viu uma oportunidade de representar o produto no Brasil, levando-o para dentro das escolas, estimulando o gosto das crianças pela ciência. Esse processo seria lento e paralelo num primeiro momento, pois ela não poderia abrir mão do seu trabalho pela paixão do negócio. Cintia sempre acreditou no produto e no benefício que ele traz para seu público, mas sua maior angústia era como entrar no mercado de educação sem ter experiência e vivência comprovada na área.

SEUS DESAFIOS?

Cintia precisava achar o fio condutor para contar, com credibilidade e confiança, sua história de empreendedora num novo mercado. A princípio, não conseguia achar uma conexão de sua atuação de mais de dez anos como audiologista neonatal com o mercado de educação do Brasil.

O nosso olhar era de que precisávamos encontrar uma forma de enaltecer toda experiência de vida e profissional de Cintia para fortalecer sua marca com credibilidade num novo mercado. Restava identificar qual "parte" de sua experiência traria valor em seu novo movimento profissional. Como amarrar e ter uma narrativa autêntica para gerar um elo de confiança com o novo público das escolas? Como ativar sua rede de *networking* para apoiá-la nessa nova jornada?

O PROCESSO DE MARCA PESSOAL

Nossa jornada começou com uma retrospectiva da trajetória de Cintia até o momento atual e expectativas futuras. No *Feedback* 360º, ficou evidente que ela é uma mulher empreendedora e visionária, extremamente dedicada e comprometida com resultado. Mas foi apenas no meio do processo, em um dos encontros da etapa de Posicionamento, que ela comentou que sua primeira experiência profissional foi como professora. Identificamos, então, que, em toda sua jornada profissional, ela sempre esteve conectada com a educação. Afinal, sua experiência de anos como audiologista pediátrica envolvia desenvolvimento da linguagem emocional com crianças. A partir disso, puxamos o fio condutor para começar a construir sua narrativa, a da médica brasileira que, morando no Vale do Silício, decidiu levar inovação para as escolas brasileiras, por meio de um produto que estimula o gosto e a curiosidade dos alunos pela ciência.

Cintia começou a traçar seu plano futuro e conexões que deveria fazer com os professores que seriam seus principais aliados nessa nova fase. Desenvolveu um projeto de capacitação para que aprendessem a usar o Foldscope. Além de fazer conexões com sua rede de *networking* em encontros virtuais e presenciais apresentando seu novo *pitch*, aumentou sua visibilidade nas redes sociais.

Ao longo do processo, chegou a ser convidada para ser CEO de uma empresa de tecnologia, a Wecap Tech, mas achou melhor não aceitar. Ser CEO não estava em seus planos. Uma jornada de Marca Pessoal também traz mais clareza sobre o que não fazer, a focar em suas escolhas para assumir as rédeas da própria história, sem se perder com as "tentações" que aparecem ao longo da nossa caminhada.

RESULTADOS DE CINTIA

Tita, como carinhosamente a chamamos, segue em seu projeto e atualmente, dedica parte do seu tempo a conseguir ampliar seu negócio no

Brasil. Seu projeto já impactou mais de 400 crianças em 8 escolas, sendo que, antes do programa, nenhuma tinha visto um microscópio; depois, 70% disseram serem capazes de realizar os experimentos de modo independente, sem o auxílio do professor. Esse é apenas o começo. Tita ainda está longe do que quer conquistar, mas sem dúvida seus primeiros números alcançados e a credibilidade que ela vem conquistando neste novo mercado já fazem dela um grande *case* de sucesso.

CAPÍTULO 8

POSICIONAMENTO

Até aqui convidamos você a abrir suas "camadas" internas, olhar para dentro e se aproximar da sua essência a fim de ter bem claro o DNA da sua marca. Essa jornada, que começa internamente a partir das suas inspirações e aspirações, evolui agora para, literalmente, posicionarmos sua marca no seu ecossistema profissional.

Posicionamento é o espaço que a sua Marca Pessoal ocupa na mente das pessoas, uma lembrança que passa a ser associada ao seu nome. Como em todo ecossistema, existem diversos *players* (atores) atuando simultaneamente – a favor e contra a sua marca.

Nesta segunda etapa, propomos que responda à pergunta: "Pelo que você quer que seu nome seja lembrado, reconhecido, escolhido, recomendado?", fazendo o caminho inverso. Em vez de olhar para si, olhe para fora, olhe para o mercado, vá para a arena e entenda qual é o papel da sua Marca Pessoal no contexto em que está inserida. Também procure entender, principalmente, qual é o valor que gera para o público que se relaciona com você – seus *stakeholders* (públicos de interesse).

Olhar para o seu público

O que precisa estar mais evidente em sua Marca Pessoal não é sobre você, mas como está a serviço do seu público. A beleza da Marca Pessoal forte acontece quando seu talento encontra uma necessidade e você é capaz de compreender em quais áreas aquilo que faz excepcionalmente bem atende a uma necessidade profunda de uma pessoa ou um grupo de pessoas. Podemos fazer uma analogia: imagine duas pessoas dançando. A performance só fica harmônica quando as duas pessoas se movimentam de maneira integrada, sem uma dominância, mas com uma complementaridade. Quando conseguimos criar valor para nosso público, a percepção de valor da nossa Marca Pessoal aumenta. O cliente fica satisfeito e, provavelmente, vai recomendar seu serviço, aumentando a sua reputação e os seus resultados, sejam financeiros, emocionais, relacionais ou de qualquer natureza. Ao se dedicar a tornar a vida de alguém melhor, ao ajudá-lo a conquistar alguma coisa, sua marca se torna necessária, desejada, lembrada, recomendada. Essa é a essência de uma Marca Pessoal forte.

Para apoiar você nessa reflexão de maneira prática, usamos os 3 P's do Posicionamento:

a) **Seus Públicos:** saber para quem você gera valor;

b) **Problema que incomoda:** dificuldade que esse público enfrenta, ou ambição, algo que aspira;

c) **Promessa de solução:** o que você tem a oferecer que resolve o problema ou qual transformação ajuda a promover.

Vamos olhar para cada um destes P's:

a) Seus Públicos

Para estruturar seu Posicionamento, a virada de chave mais importante é definir o público com o qual você quer interagir. Sempre sugerimos escolher dois ou três tipos de público diferentes que serão impactados positivamente – beneficiados mesmo – pelas suas realizações.

Essas pessoas podem ser clientes, pacientes, parceiros, pares, pessoas da sua equipe, formadores de opinião do segmento no qual você atua, participantes de organizações da sociedade civil, funcionários do governo ligados à sua área de atuação, entidades reguladoras da sua classe profissional, influenciadores... A lista é enorme. Por serem mais de um, nos referiremos a "seus públicos" em vez de "seu público".

Eles são seus principais *stakeholders*.

Exercício prático: elabore uma lista dos seus principais públicos

Tente incluir grupos com relacionamentos diversificados em relação à sua Marca. Mas evite perder o foco e acabar não falando com ninguém de modo eficiente. Algumas sugestões de critérios para sua lista:

- Pessoas Estratégicas / Necessárias para o seu negócio: clientes, agentes;
- Pessoas que regulam o seu mercado ou formam opinião: organizações, instituições;
- Pessoas que influenciam você ou são influenciadas por você;
- Pessoas que dependem de você: funcionários, fornecedores;
- Pessoas que inspiram e lideram o segmento no qual você atua.

Para a sua seleção, você pode pensar em alguma pessoa específica com quem já se relaciona. Por exemplo, se tem um cargo executivo, esse público pode ser o gerente de uma área que você atende na empresa ou quer atender. Ou pense em novos clientes que poderiam se interessar pelo que você faz, ou que têm um potencial para se beneficiar da sua entrega.

b) Problema que incomoda

Agora é hora de "calçar os sapatos" do seu público e pensar que cada pessoa tem sempre um objetivo, ou conjunto de objetivos no qual está focada, para atingir uma meta. Chamamos isso de "*Job to be Done*" – aquilo que seu público quer ou precisa fazer para ser bem-sucedido. Então reflita: por que essas pessoas se relacionam com você? Por que procuram você? O que torna você interessante para estas pessoas? Qual é o problema do seu *stakeholder* que você resolve, o que faz que melhora a vida dessa pessoa?

Para obter as respostas, aplicamos uma ferramenta criada por Dave Gray, fundador da XPLANE, chamada Mapa da Empatia. O mapa é muito usado em processos de *Design Thinking* (ou simplesmente DT). Trata-se de uma metodologia que nasceu no Vale do Silício, em Palo Alto, Califórnia, onde eu, Giuliana, moro. A IDEO, uma consultoria de inovação aqui do Vale, foi a primeira empresa a utilizar a abordagem DT em seus projetos para resolver problemas de maneira altamente colaborativa e interdisciplinar. Na maioria das vezes, envolve profissionais de diferentes áreas, como *design*, tecnologia, psicologia, marketing, saúde, negócios... Com essa diversidade, acredita-se que há um aumento na possibilidade de inovar em problemas complexos. Por causa de seu sucesso, outras empresas e organizações começaram a se inspirar usando a abordagem em vários setores. Desde então, o DT se tornou uma metodologia muito popular para inovação e empreendedorismo.

O processo de *design thinking* é dividido em cinco grandes etapas e o olhar empático para o público é o primeiro deles. Empatia é a capacidade de ter curiosidade e compaixão pelo outro, buscar compreender motivações, aspirações, dores. Tudo isso com o objetivo de realmente entender e compartilhar os sentimentos de outra pessoa. É a habilidade de se colocar no lugar do outro, tentando compreender pensamentos, emoções e perspectivas, sem julgamento ou crítica. Jesse Prinz, professor de filosofia na City University of New York, Graduate Center, escreve: "[...] a simpatia é uma resposta emocional de terceira pessoa, enquanto a empatia envolve colocar-se no lugar de outra pessoa".

Para isso, é necessário um processo ativo de escuta e observação. Ser empático permite que você se conecte melhor com seu público e fortaleça sua Marca Pessoal. Quando demonstra que entende suas dores, emoções e desejos, ele se sente mais propenso a confiar em você e estabelecer uma conexão emocional.

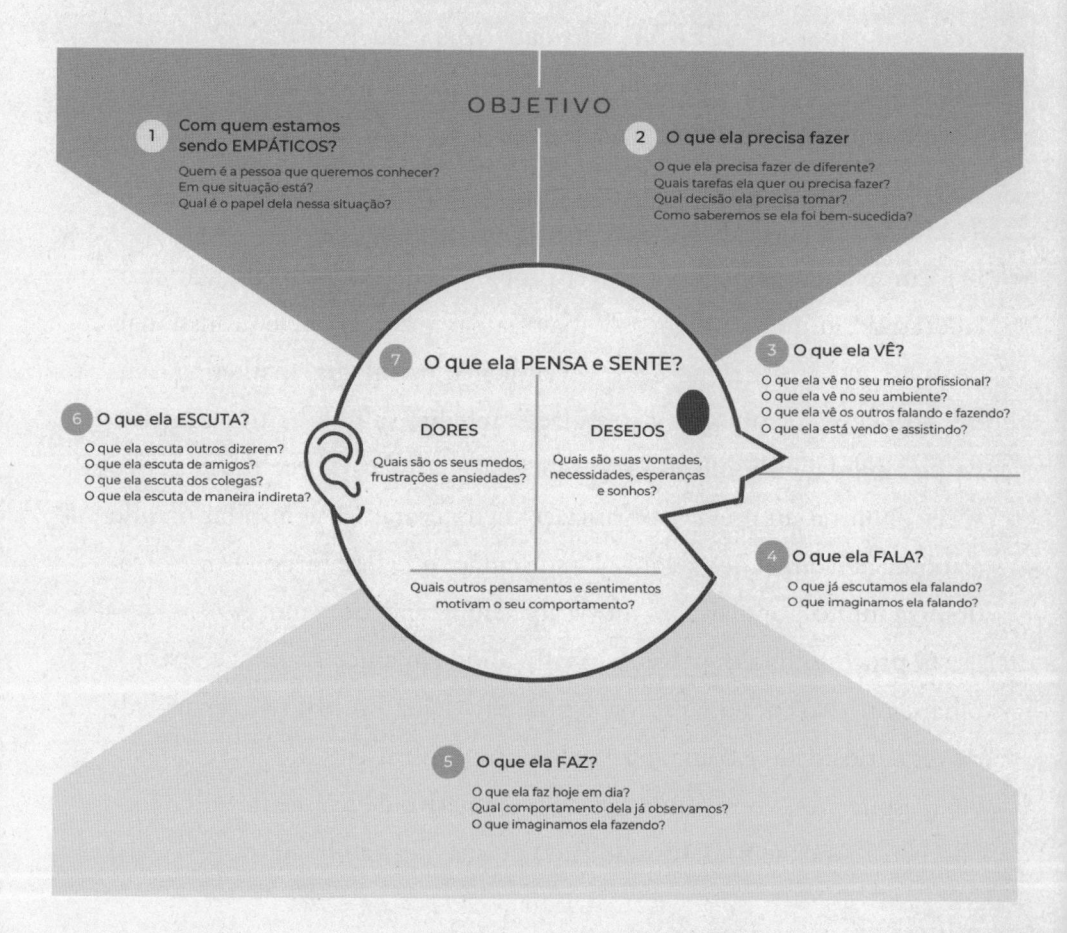

OBJETIVO

1. Com quem estamos sendo EMPÁTICOS?
Quem é a pessoa que queremos conhecer?
Em que situação está?
Qual é o papel dela nessa situação?

2. O que ela precisa fazer
O que ela precisa fazer de diferente?
Quais tarefas ela quer ou precisa fazer?
Qual decisão ela precisa tomar?
Como saberemos se ela foi bem-sucedida?

7. O que ela PENSA e SENTE?

DORES
Quais são os seus medos, frustrações e ansiedades?

DESEJOS
Quais são suas vontades, necessidades, esperanças e sonhos?

Quais outros pensamentos e sentimentos motivam o seu comportamento?

3. O que ela VÊ?
O que ela vê no seu meio profissional?
O que ela vê no seu ambiente?
O que ela vê os outros falando e fazendo?
O que ela está vendo e assistindo?

6. O que ela ESCUTA?
O que ela escuta outros dizerem?
O que ela escuta de amigos?
O que ela escuta dos colegas?
O que ela escuta de maneira indireta?

4. O que ela FALA?
O que já escutamos ela falando?
O que imaginamos ela falando?

5. O que ela FAZ?
O que ela faz hoje em dia?
Qual comportamento dela já observamos?
O que imaginamos ela fazendo?

Exercício prático

Para preencher o mapa da empatia, você pode entrevistar pessoas que fazem parte do seu público, ou fazer sua reflexão apenas com o que conhece, tentando sempre se colocar no lugar delas.

Você pode aplicar o Mapa da Empatia de maneira simplificada, focando as perguntas essenciais para entender o seu público.

Perguntas a serem feitas:

- O que o seu público pensa e sente? Tente entender quais são as principais motivações, medos, desejos e necessidades do público-alvo.

- O que o seu público vê? Considere os principais pontos de contato que o público-alvo tem ou outro ponto de contato com a sua marca que não seja, necessariamente, por meio de você.

- O que o seu público ouve? Pense nos principais canais de comunicação que o seu público utiliza e nas mensagens que ele está recebendo.

- O que o seu público fala e faz? Considere o comportamento e as ações do seu público, bem como as coisas que ele diz sobre sua Marca Pessoal.

- Quais são as principais dores e ganhos do seu público? Identifique as principais necessidades, desafios e benefícios que o seu público busca.

Com o mapa finalizado, você terá uma compreensão mais profunda do seu público e fica mais apto a oferecer produtos, serviços e conteúdos mais relevantes e atraentes. Isso pode ajudar a diferenciar sua Marca Pessoal da concorrência e a aumentar sua relevância no mercado.

a) Promessa de solução

O segredo de um bom Posicionamento é o encontro entre aquilo que você oferece e aquilo que seu público precisa – a famosa "dor de barriga" que ele precisa resolver. Isso é a base para um Posicionamento bem definido. Uma pessoa é contratada porque ela faz um trabalho que seu cliente não consegue fazer sozinho. Vamos a um restaurante porque queremos uma experiência que não podemos reproduzir em nossa casa. Compramos uma roupa porque ela nos traz uma performance específica, um atributo de status que não temos sem ela.

Depois de identificar o problema que as pessoas buscam resolver com você, elabore a Promessa de Valor da sua Marca Pessoal.

Exercício prático

Pensando que todas as pessoas que fazem parte desses públicos têm seus desafios, desejos, ambições, obstáculos, responda: qual é o problema deles que você resolve? O que você faz que melhora a vida dessas pessoas?

Pense em tudo aquilo que oferece: experiência, valor, diferenciais e, principalmente, o resultado que terão. Reflita também sobre como você faz de maneira diferente das outras pessoas, mesmo aquelas que trabalham na mesma atividade.

As perguntas a seguir podem ajudar nesse exercício:

- O que você faz? Seja objetivo!
- Como você faz isso? (Resgate do seu *feedback* – aquilo que seu público aponta como sendo seu "jeito".)
- O que você faz diferente ou de modo especial?
- Qual é o impacto que você causa no seu público?

- Que resultado seu público experimenta?
- O que muda na vida do seu público de maneira prática? Qual é a transformação que você promove?

Olhar para o ambiente

O objetivo de analisar o ambiente no qual sua marca opera é ajudar você a entender qual é a sua real posição neste grande tabuleiro de xadrez chamado "mercado". Se é favorável ou desfavorável, se tem muitos ou poucos concorrentes, se existem muitos produtos ou serviços similares ao seu.

Atendemos profissionais de diversas áreas, como executivos, empreendedores e profissionais liberais, advogados e médicos. Até bem pouco tempo, esses profissionais não se preocupavam tanto com o seu Posicionamento no mercado. Em alguns casos, nem podiam se dedicar a qualquer atividade voltada ao marketing, porque regulamentações do próprio segmento os impediam. Mas o mercado mudou e vem pressionando essas organizações a evoluírem de acordo com a demanda. Com isso, vemos hoje profissionais de todas as áreas aprendendo termos que anteriormente ficavam restritos aos profissionais do marketing como, por exemplo, "diferenciação".

Todos nós temos algo que nos faz únicos, o DNA da nossa Marca. Ainda assim, ao olhar para o mercado, podemos ter a sensação de fazer mais do mesmo ao nos compararmos com colegas da mesma especialidade. Por exemplo, médicos dermatologistas. Em uma análise superficial, pode parecer que não existe diferencial, que todos fazem exatamente a mesma coisa. Então como conseguir ajudar um médico dermatologista a identificar seu diferencial se ele oferece o mesmo serviço que tantos outros? Ora, se não houvesse diferença, não haveria médicos mais procurados do que outros. Mesmo oferecendo algo que pode parecer semelhante, como tecnologias e matérias-primas que estão no mercado, disponíveis a todos, é possível destacar o diferencial da Marca Pessoal de cada um.

Cada dermatologista vem com uma bagagem de vida, experiência, conexões e aprendizados completamente diferentes. Ainda que tenham o mesmo serviço, cada um atende, entrega, prepara e tem um pós-tratamento completamente diferente. Cada um oferece a jornada do paciente de maneira única. Em outras palavras, cada médico tem seu jeito de impactar com sua marca, de criar uma experiência que ficou como "marca" registrada na mente do paciente e gerou conexão. Se ele não conseguir gerar alguma emoção ou conexão com seu público, então seu atendimento vira *commodity*. Sem diferencial, o paciente vai buscar o médico mais barato. Quando um profissional consegue identificar seu diferencial e torná-lo visível, o paciente vai reconhecer seu valor, pagar para viver aquela experiência e ter o melhor resultado. É importante salientar que a técnica é pré-requisito. Saber fazer bem o que você faz, ser apaixonado pela sua profissão não é um diferencial, é o mínimo que pode entregar. A pergunta é: o que mais pode fazer e ser para encantar e surpreender seu paciente?

A mesma lógica vale para executivos, advogados, empreendedores... Qual é o seu diferencial? Qual é o conjunto de habilidades que faz você entregar algo único? Isso está dentro de você. Não adianta copiar o colega. Precisa ser autêntico, porque só assim vai se conectar com seu público e seu público vai reconhecer seu valor, valorizando a sua Marca Pessoal por isso.

Exercício prático: investigue seu segmento profissional:

- **Quem mais faz o que eu faço – direta ou indiretamente – e como essas pessoas estão se posicionando?**

Não veja como "concorrentes" somente aqueles que atuam diretamente no mesmo mercado que você. Pense também em quem faz atividades análogas ou que disputa a atenção, o tempo e os recursos do seu público.

- **O que meus concorrentes comunicam?**
- **Como meus concorrentes se comunicam?**
- **Para quem comunicam?**
- **O que oferecem e qual imagem passam?**

O seu diferencial é o que fará você se destacar dos outros colegas, se tornar mais atraente para os clientes e estabelecer credibilidade no seu mercado com uma abordagem única. Estamos falando sobre ser memorável e lembrado, ou seja, gerar emoção no seu cliente. Isso está em suas potencialidades e capacidades humanas, que são o seu COMO, o seu jeito de fazer e entregar seu serviço ou produto. A diferenciação ajuda você a escolher um Posicionamento único, que fará sua Marca Pessoal ser lembrada e reconhecida. Comparar-se pode gerar certa insegurança num primeiro momento, mas, sem dúvida, amplia seu olhar e leva a mais oportunidades de negócios ou para sua carreira.

Olhar para as suas inspirações

Além de entender o contexto em que sua Marca Pessoal está inserida hoje, mire o futuro e aonde quer chegar. Uma maneira de fazer isso é olhar para quem é referência para você. Não com o intuito de imitá-lo, pois isso rompe com o DNA da sua marca e não se sustenta. O foco aqui é tirar lições e abrir os olhos para caminhos interessantes que se trilha. Modelos nos ajudam a projetar quem e como desejamos ser, inclusive como "não" queremos ser. Em projetos empresariais chamamos isso de *benchmark*. Ter seu ponto de partida interno é fundamental. Mas, olhando para o externo, você refina sua Proposta de Valor e encontra sua rota de autenticidade. É interagindo com outros que sua Identidade acontece no mundo. Por isso, mapear de maneira estratégica o ambiente no qual a sua Marca Pessoal está inserida passa por analisar:

- Pessoas que fazem aquilo que você gostaria de fazer;
- Pessoas que estão em lugares nos quais você gostaria de estar;
- Pessoas que simplesmente inspiram você por algo que fazem, mesmo que não seja em tudo.

Muitas vezes, você pinça uma inspiração de algo específico que uma pessoa faz, um aspecto interessante de outra... Não busque a pessoa perfeita, não busque o modelo ideal. Busque aspectos que lhe pareçam interessantes e com os quais pode aprender. Essa inspiração é exatamente para entender como os espaços estão preenchidos no mercado pelos colegas ou concorrentes e definir o seu espaço neste mercado de maneira autêntica e única. Quando falamos em Posicionamento de mercado, nos referimos à "posição" que você vai ocupar no mercado. Por isso, é fundamental e necessária essa análise do mercado, esse olhar para fora.

Exercício prático

- Faça uma lista das pessoas nas quais você se inspira;

- Reflita e descreva quais são os aspectos que te parecem atraentes e que podem ser adaptados à sua Marca Pessoal;
- Por fim, avalie se há algo em comum entre suas inspirações e se consegue tirar mais algum insight desta reflexão.

As respostas obtidas com essa análise do mercado ajudam a deixar mais clara a realidade. Nenhum de nós vive de maneira isolada: fazemos parte de um ecossistema no qual interagimos, contribuímos, nos inspiramos e aprendemos.

Defina o território da sua Marca Pessoal

Para definir o seu Posicionamento, você precisa fazer escolhas. Alguns clientes sofrem com essa tarefa, que pode implicar, por exemplo, em abrir mão de uma carteira de clientes, parar de oferecer alguns serviços, parar de atuar em determinada frente... O sofrimento bate porque a sensação é de estar deixando dinheiro na mesa ou se negando a entregar o seu serviço a alguém. Mas tentar atender todo mundo é não entregar valor para ninguém. E quem procura agradar todo mundo acaba não agradando a ninguém. Em inglês, existe uma expressão que diz "*plain vanilla*", o que seria em português, algo como "simplesmente baunilha". E existe uma brincadeira que diz que, em Marca Pessoal, não devemos ser um sorvete de baunilha. Porque o sorvete de baunilha é gostoso, mas não é, algo assim, maravilhoso. Não é algo que alguém geralmente ame e não é algo que alguém geralmente odeie. É simplesmente um ótimo acompanhamento para qualquer sobremesa que tenha personalidade. Se pedir um *brownie*, provavelmente virá acompanhado do sorvete de baunilha. Se pedir uma torta de maçã, idem. Porque quem não tem personalidade vai com qualquer coisa. Já um sorvete de "*salted caramel*", de caramelo com sal, não. Ele tem uma personalidade marcante, já não é todo mundo que gosta. Mas algumas pessoas vão adorar e essas terão uma relação emocional com esse sabor. Outras vão detestar e tudo bem também. O importante é que ele tem um território definido.

Parece incrível, mas é mais fácil escolher o que queremos fazer do que ter a coragem de dizer não para todo o resto que fica fora deste quadrado. Então, para facilitar esse processo de escolha, propomos aqui uma mudança de visão: fazer renúncias não é perder oportunidades, mas abrir espaço na sua agenda para atrair exatamente aquilo que está disposto a fazer de acordo com o que pode entregar de melhor para as necessidades do seu público.

Gostamos de trazer como abordagem a filosofia do "essencialismo", que se concentra na busca do que é fundamental em nossas vidas, eliminando o que é desnecessário ou superficial. Atualmente, estamos vivendo um mundo com muitos ruídos e distrações. Portanto, aplicar a abordagem do essencialismo nos ajuda a eliminar o que não faz sentido, colocando luz no que é mais importante e significativo, e focar. Escolher o essencial é aumentar a percepção de valor da sua marca e viver de maneira mais alinhada com seus valores e objetivos.

Na experiência com nossos clientes, depois que conseguem exercitar o desapego e definir seu Posicionamento, ouvimos depoimentos como: "É libertador dizer não para aquilo que estava ocupando minha agenda e trazer o que faz mais sentido para meu momento agora". Essa será uma conquista importante, pois conseguirá fazer aquilo que realmente sempre buscou de modo mais estruturado e intencional.

Foi o que aconteceu com Giulia, co-CEO de uma empresa familiar na área de alimentos. Ela fundou e construiu a empresa ao lado do marido. No entanto, ainda que dividam tarefas e méritos, a forte carga machista ainda presente em nossa sociedade faz com que exista uma percepção generalizada de que só ele é o dono e ela estaria ali, na liderança, somente por ser esposa dele. O trabalho de Marca Pessoal a ajudou a identificar sua contribuição única para o negócio e, assim, definir seu território de atuação de maneira mais clara. Não com a intenção de competir com o marido, mas sim de colaborarem (co-laborar = laborar junto) em prol da empresa que ambos lideram. Essa clareza de papéis não beneficiou somente a própria Giulia, que passou a enxergar a sua liderança com mais clareza, mas também a toda equipe que trabalha na empresa. Ao compreenderem melhor as responsabilidades e limites de atuação de cada líder, o trabalho passou a fluir de maneira mais eficiente.

Credenciais para sustentar seu Posicionamento

Não é à toa que chamamos de "pilares" todas as experiências e vivências que nos levaram a "saber aquilo que sabemos". Poderíamos também dar o nome de "credenciais", porque, de certa forma, são a base da sua credibilidade e sustentam a sua posição como referência na sua área de atuação. É a partir desses pilares que o público da sua Marca Pessoal reconhece a sua autoridade nos temas que aborda.

Ao refletir sobre sua Marca Pessoal, recomendamos que faça um resgate desses elementos que dão apoio ao seu Posicionamento. Organizamos em quatro naturezas, mas fique à vontade para adicionar qualquer outra vivência que acredite que qualifique você.

Cursos

É o que mais facilmente nos lembramos de mencionar e perguntar como credencial.

Experiências

São todas as vivências que tivemos que nos enriquecem pessoal e profissionalmente. Podem ser experiências profissionais, congressos, simpósios, projetos, viagens culturais, voluntariado, sabáticos, intercâmbios, expatriação etc.

Habilidades

Tudo aquilo que sabemos fazer, por talento ou aprendizado, e que nos diferencia. Por exemplo: senso estético, sensibilidade para o ser humano, trabalhar em equipe, liderar, falar idiomas, ter visão espacial etc.

Propriedade Intelectual

Muitas pessoas respondem "não tenho" nessa questão porque costumam associar este termo a patentes ou a publicações. Mas queremos que você amplie esse conceito para qualquer conteúdo que tenha desenvolvido para seu negócio que tenha o seu toque pessoal, o seu olhar, a sua abordagem.

Pode ser uma adaptação de um método de atendimento, um jeito diferente ou exclusivo de prestar um serviço, algo que concebeu na sua área de atuação.

Pense no que faz diferente:

- Você já escreveu ou produziu algum documento na sua área: livros, artigos, palestras ou aulas?
- Existe algum modelo que você criou e usa na sua atividade, mesmo que não tenha documentado?

- Você tem uma maneira ou jeito único de trabalhar, reconhecido pelos seus clientes? Algo que eles digam sobre os benefícios exclusivos que obtêm quando compram seu produto/serviço?

Sua Proposta Única de Valor

Após percorrer todas as reflexões que sugerimos para definir o seu Posicionamento, terá identificado habilidades, conhecimentos, experiências, Identidade, talentos. Tudo isso junto é o que torna você uma pessoa única. Agora, defina o que destacar (ou colocar uma lupa) para se tornar relevante para seu público. Essa será sua Proposta Única de Valor.

Você precisará elaborar um texto de um parágrafo – somente um parágrafo – que sintetize e organize o valor que gera. Sempre lembrando que sua Marca Pessoal é viva. Portanto, você pode e deve revisar esse Posicionamento continuamente. Esse será um documento só seu, interno e estratégico. Por isso, fique confortável para se expressar da maneira mais espontânea e genuína que desejar. Essa declaração é o coração e a alma da sua Marca Pessoal e servirá de base para a sua comunicação daqui para a frente.

Para criar o texto, pense nas principais conquistas das quais você se orgulha. Em seguida, reveja objetivos e realizações profissionais que deseja alcançar no seu próximo ciclo.

Estruture da seguinte forma: uma descrição (I) daquilo que você faz; adicione (II) o impacto que gera no seu público ao fazer isso, e (III) inclua seus diferenciais "apimentando" o resultado do posicionamento.

Veja um exemplo: se eu, Susana, pensar naquilo que ofereço ao meu público como sendo: "Ofereço consultoria de *Personal Branding*", estarei focada somente no "processo", no que eu faço. Mas quem compra "processo" privilegia o menor preço porque não reconhece o meu valor.

As pessoas compram "resultados", que nós entregamos por meio de um "processo" e, isso sim, tem valor.

Então, reescrevendo o meu Posicionamento conforme a estrutura da Proposta Única de Valor, chego a este texto: "Usando pensamento estratégico e perguntas poderosas, ajudo executivos empreendedores a organizarem a sua narrativa para o mercado, de dentro de si para fora. Por meio de um método exclusivo de *Personal Branding*, desenvolvido por mim e minha sócia, aplicamos nossa experiência de mais de 20 anos em *Branding* corporativo. Ao se tornarem mais visíveis, meus clientes aumentam oportunidades, satisfação com o trabalho e o engajamento com seus *stakeholders*" – Susana, BetaFly.

Exercício prático: use esta estrutura para guiar você

Usando meu talento/método/experiência (Diferencial) _____ _____, eu ofereço (Meu trabalho) _____ para (Qual público) _____ por meio de metodologia/estilo/jeito (Como) _____ _____ para que consigam/possam/alcancem (Resultado/impacto) _____.

Usando esse mesmo texto, experimente inverter a ordem, colocando o resultado para o cliente em primeiro lugar; depois, explicando o que faz e como faz para que ele tenha esse resultado. Veja se fica melhor ou não. Existem várias formas de combinar esses elementos, encontre a que funciona melhor para você.

Susana, quero te contar que iniciei o Programa BetaFly com você com uma certa impaciência e angústia, pois naquele momento eu queria uma resposta rápida para a tomada de várias decisões no campo profissional.

A impaciência porque eu teria que indicar 30 amigos para você entrevistar e mais 20 outros clientes!

Então pensei: este trabalho de você entrevistar 50 pessoas vai levar mais de ano para ter algum resultado.

Mas, para minha surpresa, a cada dia que foi passando eu fui recebendo tantos feedbacks, tantas informações e tantos comentários, que quase que, apenas com os testemunhos dos entrevistados, eu já me sentia muito motivado para os próximos passos.

E o benefício foi quase que imediato, pois através das nossas reuniões consegui enxergar com bastante clareza quais eram as minhas principais habilidades, e mais do que isso, como eu era visto pelo mundo exterior, o que me trouxe uma sensação e condição de encarar os desafios com muito mais segurança

Aprendi muito sobre quais são os meus talentos, e a condução de todas as sessões com você me fez me ver no mundo com mais clareza. Não só isso, me permitiu focar em desenvolver melhor as habilidades que eu tenho e, ao mesmo tempo, me trouxe uma consciência mais clara das minhas fraquezas e limitações, e a estrutura do seu curso me auxiliou a lutar para superar estes desafios.

Como resultado eu me senti mais confortável e confiante em tomar decisões que algumas vezes eram deixadas para trás, e hoje estou buscando usar este aprendizado com bastante disciplina no meu trabalho e na minha comunicação como um todo.

Fernando Sálvia,
Conselheiro, Advogado e Consultor Tributário

UMA HISTÓRIA

"O trabalho da BetaFly foi inspiracional para que eu pudesse expandir a minha voz a fim de cumprir o meu propósito, que é ajudar a formar pessoas melhores, dando minha contribuição para um mundo melhor. E acredito que as mulheres têm um papel fundamental nessa construção."

Thiago Coelho - CEO da cervejaria Estrella Galicia

Quando conhecemos Thiago, ele já tinha sido eleito por três vezes o líder mais inspiracional do ano na Coca-Cola, onde trabalhou por 15 anos e ocupava o cargo de vice-presidente para a América Central. Seu propósito de ajudar as pessoas a fim de construir um mundo melhor era quase cristalino, e ele falava disso na ponta da língua. Quem o conhecia, percebia – e percebe – claramente quanto realmente é motivado por isso.

Só havia um porém: era preciso conversar com ele, trabalhar com ele, estar perto dele, para sentir e perceber isso. Havia pouco conteúdo sobre Thiago em entrevistas, postagens e artigos que estivessem conectados ao seu propósito. Nossa provocação para ele foi: "Buscando sobre você na mídia, de maneira geral, não conseguimos enxergar toda essa potência e clareza de propósito que estamos sentindo aqui, ao vivo". Foi o que bastou para ele, que é uma pessoa rápida e assertiva, se mobilizar para começar um processo de Marca Pessoal.

SEUS DESAFIOS?

Deixar suas motivações mais explícitas para as pessoas. O interessante no caso do Thiago foi que a primeira etapa do Método FLY® sobre autoconhecimento, propósito e visão de futuro já estavam resolvidos para ele. Por isso, combinamos que precisávamos agir na comunicação.

O PROCESSO DE MARCA PESSOAL

Decidimos iniciar a jornada com a elaboração do *Golden Circle*, que faz parte da etapa de DNA da marca, a fim de consolidar a Identidade da Marca Pessoal de Thiago. Usamos como base em todas as reflexões que ele tinha feito sozinho até então. O que surgiu foi interessantíssimo.

No "Por que" de Thiago, estavam:

- Pessoas são um legado vivo;
- Mulheres tornam o mundo melhor.

No seu "Como", ele colocou:
- Proximidade com pessoas, entendendo o que as move;
- *Walk the Talk*.

No seu "O que" havia:
- Garantir a entrega, criando valor para os *stakeholders*;
- Buscar e implementar oportunidades de crescimento para o negócio.

Com a Identidade organizada nessas 3 dimensões, realizamos toda a etapa de Comunicação de maneira que suas mensagens-chave, narrativas e todas as formas de expressão contribuíssem para deixar essa construção clara na mente das pessoas.

RESULTADOS DE THIAGO

Thiago, que é um líder assertivo e se expressa de maneira bastante direta, não deixou mais dúvidas sobre suas convicções. Sua comunicação passou a ser mais contundente.

Em 2023, já como CEO da cervejaria Estrella Galicia, e sem deixar de lado nem por um minuto o ritmo dinâmico que seu cargo e o negócio que lidera exigem, ele atingiu 50 mil seguidores no LinkedIn, foi indicado ao prêmio Ibest como influenciador de RH, e convidado para palestrar sobre o tema da liderança feminina em empresas.

Thiago segue sendo um líder inspiracional, agora não só reconhecido pelas empresas em que trabalha, mas também por tantas pessoas que se conectam com seus conceitos e ideais.

CAPÍTULO 9

ESTRATÉGIA DE COMUNICAÇÃO DA MARCA PESSOAL

A base de uma Marca Pessoal forte é a entrega de valor para o seu público – e a comunicação disso é um reforço necessário e potente, pois ela é nossa ferramenta de conexão com o mundo. Como disse Matt Abrahams, um autor e educador que ensina Comunicação Estratégica na Graduate School of Business da Universidade de Stanford, e criador do premiado *podcast* "Think Fast Talk Smart": "A capacidade de apresentar suas ideias de maneira clara, confiante e autêntica pode fazer uma grande diferença no sucesso que você vai conquistar na sua vida profissional (e pessoal também)".

Há uma série de ações – on-line e off-line – que podem ser tomadas para comunicar sua Marca Pessoal para o público de interesse. Expressando suas ideias e interagindo de maneira estratégica que tenha como base seu DNA de Marca e seu Posicionamento, você fortalece aspectos da sua reputação e constrói uma percepção sobre quem é alinhado com sua Proposta Única de Valor. Dessa forma, deixa claro na mente e no coração das pessoas qual é o seu papel no mundo e como pode agregar valor na vida delas por meio dele.

> **" A CAPACIDADE DE APRESENTAR SUAS IDEIAS DE MANEIRA CLARA, CONFIANTE E AUTÊNTICA PODE FAZER UMA GRANDE DIFERENÇA NO SUCESSO QUE VOCÊ VAI CONQUISTAR NA SUA VIDA PROFISSIONAL (E PESSOAL TAMBÉM)."**
>
> Matt Abrahams

Por que comunicar

Vemos pessoas que, mesmo com uma Proposta Única de Valor bem construída, hesitam em comunicar sua Marca Pessoal por insegurança, por medo de receber críticas pelos concorrentes ou achar que isso é autopromoção. Mas com uma Estratégia de Comunicação, tudo o que você comunicar terá foco na construção de valor da sua marca. Veja aqui alguns aspectos que trabalhará.

Comunicar para construir reputação

Sua reputação é um dos seus maiores ativos: ela literalmente trabalha por você. Isso porque é construída a partir daquilo que os outros percebem de suas palavras, ações e presença. É por isso que o famoso publicitário David Ogilvy disse certa vez: "Comunicação não é somente sobre o que você fala, mas principalmente, sobre o que a outra pessoa compreende". Sua reputação chega antes de você na sala e permanece depois que você sai.

Para ter alguma influência no processo de formação da sua reputação, você precisa atuar de maneira consciente e atenta na emissão da sua mensagem, aumentando assim a chance de que as outras pessoas possam perceber, de maneira mais fiel possível, aquilo que deseja expressar.

Para que a reputação da sua Marca Pessoal seja facilmente compreendida, é importante definir em quais atributos você vai colocar mais luz e, então, comunicá-los com eficiência. Isso fará com que a sua imagem projetada (aquela que você emite projeta para o outro) fique próxima da sua imagem percebida (aquilo que efetivamente o outro captura).

De maneira simples, o processo de comunicação funciona da seguinte forma:

1. A pessoa que emite a comunicação (emissor) decide a mensagem que quer passar;

2. O emissor decide como vai comunicar a sua mensagem: escolhe as palavras, usa de determinada linguagem corporal, códigos ou símbolos;

3. O emissor transmite a mensagem e o receptor recebe a mensagem;

4. O receptor traduz a mensagem em ideias;

5. O receptor tira conclusões e responde ou não à mensagem.

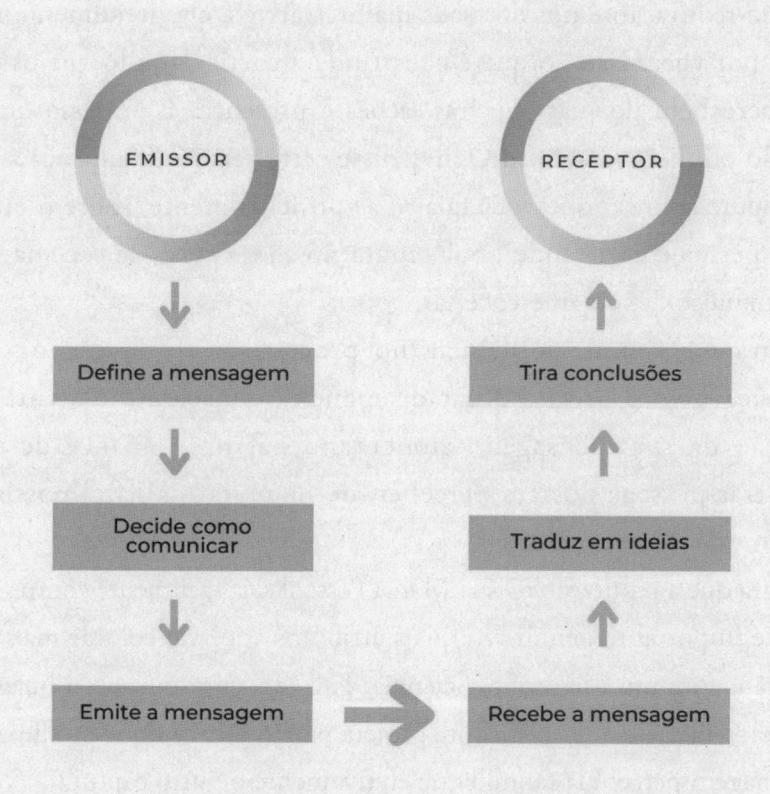

```
     EMISSOR                    RECEPTOR
        ↓                          ↑
 Define a mensagem          Tira conclusões
        ↓                          ↑
   Decide como              Traduz em ideias
    comunicar
        ↓                          ↑
 Emite a mensagem  →       Recebe a mensagem
```

Mas um jeito divertido – e muito verdadeiro – de explicar esse processo é este:

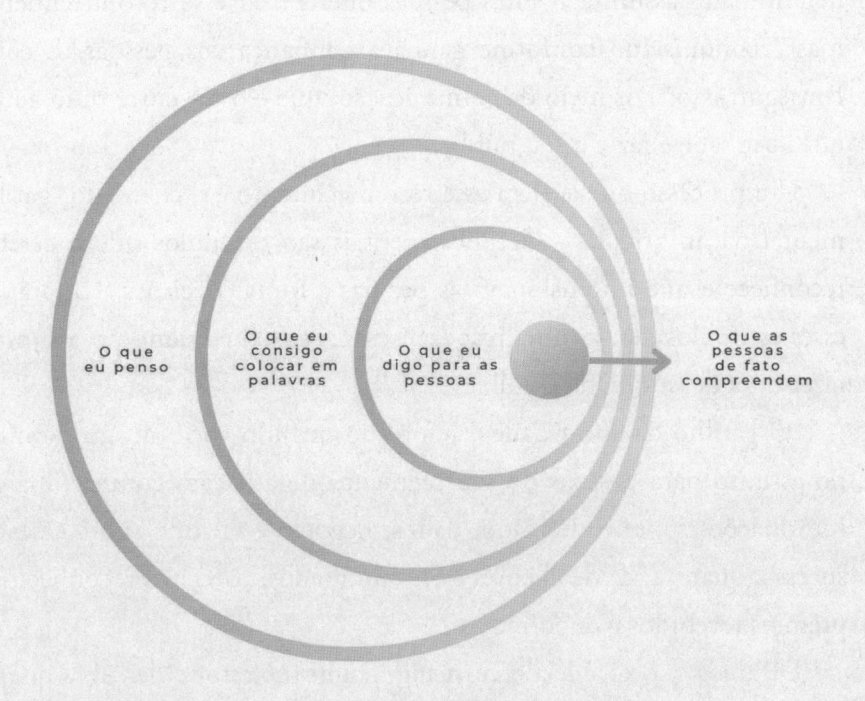

O que eu penso | O que eu consigo colocar em palavras | O que eu digo para as pessoas | O que as pessoas de fato compreendem

Comunicar para construir credibilidade

Autoridade e credibilidade são duas palavras que caminham próximas, mas há uma diferença sutil entre elas. Sua autoridade é dada por suas competências, conhecimentos e a experiência profissional que acumulou. Ser autoridade em um assunto é ter domínio sobre aquele tema. As credenciais que atestam sua autoridade são o seu valor que precisa ser comunicado. Por mais básico que isso pareça, você precisa mostrar. As pessoas precisam ver para crer.

Já a credibilidade é a consequência desse trabalho de mostrar suas credenciais. Ela é conferida a você pelo seu público, é ele quem atribui credibilidade à sua marca, reconhecendo que é uma autoridade em um determinado assunto. Muitas pessoas querem ter esse reconhecimento, mas é conquistado conforme ganha a confiança das pessoas. E como conseguir isso? Por meio da comunicação, que é o elo entre tudo aquilo que você sabe e faz e o seu público.

Um processo que acelera esse reconhecimento é o chamado "gatilho mental da autoridade". Gatilhos mentais são estímulos que o cérebro reconhece e que impulsionam as pessoas a tomar decisões. Na prática, esses estímulos geram uma resposta, especialmente quando o assunto é fazer uma determinada escolha.

O gatilho da autoridade é reforçado quando você mostra domínio no assunto para pessoas do seu segmento de atuação, compartilhando informações sobre o mercado, dados, negócio e falando sobre cases de sucesso, quantidade de clientes e seus resultados, parceiros reconhecidos, prêmios recebidos e depoimentos.

Digamos que você leia o currículo de um professor e descubra que ele já escreveu livros de sucesso e dá aula em universidades renomadas. Isso aumenta sua confiança na qualidade da aula dele. Da mesma forma, tendemos a dar mais crédito ao que nos é dito por uma pessoa que usa um jaleco branco e nem sempre pedimos que ela nos mostre um diploma para seguirmos suas orientações. Respeitamos um guarda de trânsito ou uma pessoa que usa batina. Por meio de códigos que aprendemos desde a infância, nosso cérebro tira conclusões imediatas sobre a reputação e a autoridade das pessoas.

É possível usar os gatilhos mentais a favor da sua Marca Pessoal de várias formas. Por exemplo, se for possível encontrar conteúdos escritos, vídeos e referências sobre o seu nome em diversos locais, isso aumenta a chance de as pessoas acreditarem que você, por ter visibilidade com conteúdo relevante, deve também ser competente.

==Por isso, não cansamos de repetir: o óbvio precisa ser dito.==

Tendemos a nos acostumar com nossos próprios conteúdos. Por lidar com o mesmo tema todos os dias e por muito tempo, acabamos achando que certas informações são óbvias e todo mundo já deve conhecê-las. Isso não é verdade. Aquilo que pode parecer mais do mesmo para você pode não estar tão claro para os demais e pode ser transformador na vida da outra pessoa. A única chance do seu conteúdo impactar positivamente alguém é você tomar a iniciativa de expressá-lo para o seu público incansavelmente.

O receio de comunicar aquilo que nos parece óbvio também vem daquele lugar da síndrome do impostor, aquela voz dentro de nós que nos faz acreditar que não somos bons ou capazes o suficiente. Cuidado: o medo de parecer banal pode paralisar o desenvolvimento da sua Marca Pessoal. Se você se identificou com esse sentimento, olhe à sua volta e observe quantos profissionais obtêm enorme sucesso profissional falando sobre temas que não parecem tão complexos assim. Não seja o juiz mais rígido que poderia encontrar. Pelo contrário, tenha um olhar generoso para aquilo que pode oferecer para o mundo na forma de conteúdo relevante.

Além disso, muitas vezes acreditamos que, se comunicamos algo por uma vez, todos já entenderam, memorizaram e viraram a página sobre o assunto. Mas estudos mostram que nos lembramos, em média, de somente 10% de toda a comunicação que recebemos. Portanto, comunicação é sobre repetição. Quanto mais comunicamos sobre um ponto, mais aumentamos a chance de as pessoas reterem a mensagem. É preciso encontrar maneiras criativas de contar a mesma história de diferentes formas e de usar diferentes estruturas narrativas para transmitir as mensagens centrais.

Comunicar para escolherem você

Um dos fatores que faz um profissional ser escolhido em detrimento dos outros é o que as pessoas têm de informação a favor dele. Esse tipo de dado dispara outro gatilho mental: o da prova social, que favorece a escolha por determinada pessoa. A prova social é um fenômeno psicológico e social. Em seu livro *As armas da persuasão,* o professor de psicologia e marketing da Universidade do Estado do Arizona, Robert Cialdini, descreveu como as pessoas são influenciadas pelas escolhas de outras pessoas.[23] Funciona assim: imagine que um novo procedimento estético esteja sendo feito por diversos especialistas. E uma clínica já aplicou em centenas de clientes com sucesso. Há uma tendência de que as pessoas se sintam mais confiantes para fazer o tal procedimento na clínica que acumula casos bem-sucedidos. Isso acontece porque, quando mostramos uma adesão expressiva, aumentamos as chances de convencer uma pessoa de que ela não está embarcando em uma aventura, mas em algo que muitos já comprovaram ser eficiente.

Quando falamos em por que comunicar, não estamos, portanto, falando simplesmente de estar visível, mas de visibilidade intencional com estratégia. Não precisa ser uma comunicação de massa, com grande audiência. O mais importante é que seu público tenha acesso às informações que disparam gatilhos mentais e aumentam as chances da escolha por você.

O que comunicar

Vamos começar a elaborar a espinha dorsal da sua comunicação. Assim como a coluna sustenta o nosso corpo, suas mensagens-chave compõem um eixo que você vai usar para garantir que a sua comunicação seja clara e consistente. Elas compõem uma espécie de linha editorial da sua marca. Uma linha editorial dá a diretriz do que será comunicado por um veículo. Por exemplo, você não espera encontrar reportagens sobre moda num blog esportivo. Isso seria uma surpresa para os leitores que vão em busca de resultados de jogos, comentários sobre partidas, perfil de atletas.

Parece que estamos exagerando, mas algumas pessoas variam tanto os temas que podem até parecer um grande site de notícias gerais. Mais um cuidado é não ser uma metralhadora cega, sufocando seus *stakeholders* com um milhão de pontos diferentes cujos detalhes geralmente só são relevantes para você. Foque, ciente de que menos é mais. Guarde isso: uma Marca Pessoal forte é reconhecida por ser especificamente relevante em alguma área de atuação.

Outro ponto importante é definir a forma de abordagem dos seus temas. Produza conteúdos autênticos, originais. Quando você faz isso, transmite sua Identidade e constrói credibilidade. Uma dica: não repita conteúdos por repetir, mas procure colocar o seu ponto de vista sobre eles. Além de ser original, também procure ser relevante. Então viu um tema novo e interessante na sua área de atuação, leu uma notícia ou um artigo que se conecta com sua mensagem? Reflita:

1. Qual é a sua opinião sobre aquilo, considerando todo o seu conhecimento e vivência no segmento? Opine.
2. É algo que tem valor para seu público? Divulgue.

Conteúdo original e de valor constrói autoridade e reforça sua credibilidade.

Ao escolher seus conteúdos, considere também esta reflexão de Maytê Carvalho, autora do best-seller *Persuasão: como usar a retórica e a comunicação persuasiva na sua vida pessoal e profissional:* Se todas as mensagens de WhatsApp fossem públicas, quais informações sobre você os outros saberiam? O que mostrariam sobre a pessoa que você é? Esse exercício tem a intenção de fazer com que extraia de si mesmo aspectos genuínos e, depois, trabalhe-os com intenção a seu favor.[24]

Mensagens-chave

Vimos na história da Marca Pessoal do executivo Alexandre Correa que, em suas reflexões sobre seu DNA de Marca, ele chegou a duas palavras para se definir: intraempreendedor e ambidestro. Veja agora como ficaram as mensagens-chave da marca dele:

Mensagem-chave 1: como construir uma estrutura de inovação/novos negócios em grandes corporações.

Desdobramentos:
- A visão do Chief Entreprenuer;
- Processos / ferramentas de inovação;
- Avaliação de retorno de inovação;
- Visão holística de cadeia e seu impacto em projetos de inovação;
- O novo normal para P&D;
- Visão global *versus* local para lançamento de projetos.

Mensagem-chave 2: Vendas B2B.

Desdobramentos:
- Aplicação de marketing digital para vendas B2B;
- Funil e processos de prospecção B2B;
- Geração de valor em B2B *versus* B2C;
- Construção de estruturas comerciais, técnicas e técnico-comerciais;
- Desafios e oportunidades;
- Tema Adjacente 2: *Service marketing*.

Mensagem-chave 3: Startups @ grandes corporações.

Desdobramentos:
- Desafios culturais de implementar um time de *"startup"* em uma empresa tradicional;
- *Nature versus Nurture*: desafios e oportunidades de incorporar ou liderar isoladamente novos negócios por área;
- Gestão de talentos em *startups* (celeiro de recursos, especialistas, fixos *versus* consultores...);
- Endomarketing e como manter a inovação relevante;
- *Hero Product* e *pivoting*.

Outro exemplo é o da Marlene, uma arquiteta que atua em uma empresa reconhecida por lançar projetos inovadores e alinhados com um estilo de vida mais contemporâneo. Ela acredita que a casa é muito mais do que o lugar onde dormimos e permanecemos abrigados. Acima de tudo, é uma extensão de nós mesmos. Seu propósito é que cada pessoa, independentemente do tamanho da casa ou do apartamento que possa comprar, tenha a oportunidade de morar em um lugar que represente a sua Identidade e que, ao mesmo tempo, seja prática e funcional como pede o mundo atual.

Mensagem-chave 1: Design como elemento que transforma vidas.

Desdobramentos:
- Tendências do Design em moradias urbanas;
- Compartilhamento × posse – porque não precisamos possuir tudo;
- Novos materiais construtivos;

- Como aproveitar pequenos espaços;
- Decoração inteligente.

Mensagem-chave 2: ESG na construção civil.

Desdobramentos:
- Economia circular;
- Novos materiais construtivos (mesmo assunto abordado no tema 1, mas aqui com a pegada da sustentabilidade);
- Oportunidades de compra;
- Formação de profissionais da base da construção civil com aulas de arte e estética.

Marlene optou por duas mensagens-chave que já expressam de maneira completa tanto o que ela faz como profissional quanto aquilo que é o seu propósito no trabalho. São exemplos como esses que queremos que venham à mente do seu público quando pensarem no seu nome. No caso de Marlene, estes são os temas que ela deve repetir por um período suficiente para que seu nome seja lembrado e associado a eles – sugerimos no mínimo um ano. Lembrando que a repetição deve trazer conteúdo, passando a mesma mensagem de formas diferentes. Desta forma, ela garantirá a constância na sua comunicação.

Temas Pessoais

Se você quiser e se sentir confortável em compartilhar algo mais pessoal, sugerimos fazer um "recorte" da sua vida que tenha conexão com seu trabalho, ou que agregue algum atributo que queira fortalecer. Assim, além de ampliar seu conteúdo, traz a sua experiência e se conecta com seu público, o que reforça sua Marca Pessoal.

Quando comunicamos assuntos pessoais, sugerimos que estejam num contexto próximo das mensagens-chave que você já elegeu. Inserir um conteúdo puramente pessoal, isolado, fora de contexto, apesar de ter uma boa chance de atrair público, não agrega tanto valor à sua Marca Pessoal, podendo até gerar uma distração para algo que as pessoas interagem mais por curiosidade do que por reforço da sua credibilidade.

Sem dúvida, temas pessoais conectam você com seu público em uma esfera mais humana e acessível, além dos seus atributos profissionais. Como já falamos, não gostamos de fórmulas, portanto, precisa estar confortável em querer compartilhar um recorte da sua vida pessoal. Se adicionar valor para sua Marca Pessoal, é interessante usar esse recurso.

Nosso cliente Augusto, um alto executivo da área de construção civil, reconhecido pelo seu trabalho com mais de 20 anos de carreira, decidiu usar como tema pessoal a paternidade. Mostrar-se um pai dedicado e participativo, compartilhando histórias da sua experiência ajudou a humanizá-lo e mostrar suas habilidades de liderança que vão além do ambiente corporativo. Alguns *posts* que ele fez no LinkedIn com esse tema deram uma repercussão enorme. E perceba, Augusto usou o tema pessoal para adicionar valor a sua marca com intenção e estratégia. Isso fez toda diferença.

Exercício prático

Para definir as mensagens-chave que podem compor a espinha dorsal da sua marca, pense em:

- Conteúdos sobre os quais você tem conhecimento e propriedade para falar;

- Conteúdos que interessam ao seu público e o mantêm conectado com você;

- Conteúdos que dizem sobre o que te move (sua visão e propósito, que você elaborou na etapa de DNA).

Agora, escolha de um a três temas que vão sustentar os pontos acima. Escreva uma frase sobre cada um deles que conceitualize o que aquilo significa para você.

Chamamos esses temas de guarda-chuva porque ficam em cima. Depois de definir cada tema, escreva embaixo como cada um deles se desdobra em subtemas.

MENSAGEM-CHAVE 1 e o significado para você:	MENSAGEM-CHAVE 2 e o significado para você:	MENSAGEM-CHAVE 3 e o significado para você:
Desdobramento 1:	Desdobramento 1:	Desdobramento 1:
Desdobramento 2:	Desdobramento 2:	Desdobramento 2:
Desdobramento 3:	Desdobramento 3:	Desdobramento 3:
Desdobramento 4:	Desdobramento 4:	Desdobramento 4:
Desdobramento 5:	Desdobramento 5:	Desdobramento 5:

TEMAS PESSOAIS

Tema pessoal 1 e o contexto que vai fortalecer sua Marca:
_____
_____

Tema pessoal 2 e o contexto que vai fortalecer sua Marca:
_____
_____

Sua Biografia ou Bio

É importante ter um texto-base que conte a sua trajetória, que pode servir para inúmeras finalidades na sua vida profissional. Esse texto é sua Bio, é a sua história contada por você. É comum pedirem uma Bio quando você vai participar de um evento, publicar algo, ou mesmo para colocarem em suas redes sociais. Tendo um texto-base, sua Bio pode ser desdobrada em versões menores ("mini bios") para serem usadas em palestras, aulas, ao fim dos artigos que você escrever ou em qualquer ocasião. Em cada situação, você pode escolher destacar os aspectos que fizerem mais sentido para aquela audiência.

A pergunta, então, é: o que você quer contar? Quais são os recortes relevantes da sua trajetória que merecem ser mostrados e que ajudariam as pessoas a saberem mais sobre você?

O primeiro impulso da maioria das pessoas é contar somente as coisas boas – e não há problema nenhum com isso. Afinal, queremos mostrar ao mundo a nossa melhor versão – e usamos nossa Bio para nos apresentar, aportando credibilidade à nossa Marca Pessoal.

Então a primeira reflexão da sua Bio pode – e deve – ser sobre os pontos altos da sua carreira: formação, conquistas, cargos, projetos realizados, desafios superados.

Porém, nem tudo aquilo que temos de bom foi construído em nossos melhores momentos. Então, ao escrever a sua Bio, reflita também: quais são os tropeços, erros e aprendizados que acredita que vale a pena serem compartilhados?

• Escrevendo a sua Bio

Não existe forma certa ou errada de fazer a Bio. O mais importante é que ela seja humana, escrita de uma pessoa (você) para outras pessoas (seu público). A linguagem deve ser a que você usa normalmente, pois ela também é uma forma de criar conexão com seu público. Mais do que um simples "resumo" da sua história, uma boa Bio é a voz autêntica e convincente da sua Marca quando não está presente. Ela pode, inclusive, transparecer a sua personalidade. Para isso, vale dedicar algum espaço aos valores, paixões e interesses que norteiam seu trabalho, sua vida e seu mundo. Quando sua Bio tem claramente a sua voz, você constrói, além de conexão, confiança e relevância. E se diferencia.

É preciso coragem para infundir personalidade, paixão e autenticidade no que é considerado pela maioria das pessoas como um "quase-currículo". Incentivamos você a sair da sua zona de conforto e escrever sua biografia com o tom da SUA personalidade – e com o seu coração. Dessa forma, conseguirá atrair as pessoas e as oportunidades que são certas para você.

A seguir, um guia que poderá ajudar você a elaborar a sua Biografia.

1. **Tenha sua meta como norte.** O ponto de partida é não se perder da sua meta, aquela que você definiu no início deste processo de

Marca Pessoal. Ela deve ser como um guia. Por isso, não é necessário escrever todas as passagens da sua vida, mas sim os principais recortes da sua história, aqueles significativos para você e para os atributos que deseja reforçar neste momento da sua vida.

2. **Avalie sua Bio atual.** Se já tiver uma pronta, marque nela os trechos que você deseja preservar.

3. **Releia sua Proposta Única de Valor.** Ela é o seu guia. Identifique nela e em outros conteúdos que trabalhou em Identidade, DNA de Marca e Posicionamento quais são os elementos que são autênticos, que o diferenciam dos seus pares e são convincentes para aqueles que vão tomar decisões sobre você.

4. **Elabore um texto-base, sem limite de caracteres.** Faça uma lista com aquilo que pode ser relevante neste momento considerando sua meta futura. Em seguida, transforme essa lista em um texto.

Inclua também:

5. **Valores e Paixões.** O que estimula e o que é importante para você?

6. **Conquistas relevantes.** O que você faz, o que já fez que seja interessante para o seu público, mirando sua meta?

7. **Fatos envolventes sobre você.** Passagens ou temas que sejam atraentes, fascinantes, instigantes mesmo.

8. **Características peculiares.** Quais aspectos fazem você ser "você"?

9. **Credenciais.** Validações externas, prêmios, testemunhos etc.

10. **Forças e Diferenciais.** O que você faz melhor do que qualquer um?

11. **Extras.** Adicione outros itens que não estejam na lista acima, mas

que acredita que sejam críticos e relevantes para expressar sua Marca Pessoal para a audiência que identificou.

Veja, a seguir, alguns exemplos.

Cecília Cavazani, Co-CEO - Cavazani Construtora

Bio: Atuo como co-CEO e sócia de uma empresa do ramo da construção civil, no segmento de moradias de interesse social. Acredito que a aquisição da casa própria é um portal para outras realizações.

Sou apaixonada pelo meu trabalho e meu propósito é liderar a empresa para um crescimento contínuo e sustentável, aprimorando e tornando exponenciais os nossos processos e cultura, gerando valor para todas as partes envolvidas.

Desde o início das atividades da Cavazani Construtora, me dedico a entregar resultados com humanidade, fomentar uma cultura de valorização da equipe e, dessa forma, proporcionar moradia acessível conjugada com a experiência da conquista do primeiro imóvel. Meu esforço é voltado para que a realização desse sonho abra novos horizontes para nossos clientes e consciência do valor entregado por todos os envolvidos nos projetos. Acredito que é rompendo barreiras de não pertencimento que nossa sociedade se fortalecerá. Sou advogada de formação, marketeira por paixão, eterna estudante, embaixadora do Capitalismo Consciente. Desde criança amiga das palavras, sou poeta, amante da literatura, escritora de livros e professora voluntária.

MiniBio: Co-CEO e sócia de construtora de imóveis econômicos, acredita na entrega de resultados com humanidade, lidera sua equipe para um crescimento contínuo e sustentável, preservando a cultura e a valorização dos indivíduos. Advogada de formação, marketeira por paixão, é escritora e poeta.

A seguir, a Bio de quatro mulheres executivas, com abordagens completamente diferentes.

Maitê Leite, Vice-Presidente Executiva - Institucional - Banco Santander

Maitê Leite é brasileira, formada em Finanças pela Fundação Armando Álvares Penteado e pela Kellogg School of Management, Northwestern University.

Com mais de 30 anos de experiência no mercado financeiro em diversas geografias, Maitê ingressou no Santander Brasil em outubro de 2021 como COO Corporate. Hoje é Vice-Presidente Executiva Institucional do Santander Brasil, responsável pelas áreas de Comunicação, Experiência & Cultura, Departamento Econômico, Relações Governamentais e Sustentabilidade, incluindo iniciativas na Amazônia.

Foi CEO e Head do Corporate no Deutsche Bank Brasil. Anteriormente, atuou como COO para a América Latina e para o Brasil e exerceu a função de Head do Global Transaction Banking Change Management no Deutsche Bank Londres. Antes disso, esteve à frente de diversos cargos de liderança em gerenciamento de risco no Citibank e ABN Amro Brasil. Em Londres, ocupou o cargo de COO global para Emerging Markets Trading na ABN Amro e RBS Plc.

Apaixonada por arte, natureza e viagens, Maitê dedica seu tempo livre à família e a seus três cães.

Mariana Lorenzon, Supply Chain Director - Mosaic Brasil

Sou aquela que, desde pequena, entrava nos ambientes e tinha o desejo de transformá-los. Consertar o que não funcionava, organizar o desorganizado, tornar bonito o que estava feio, leve o que estava pesado. Talvez o natural fosse fazer um curso de arquitetura, mas a minha escolha foi trabalhar em Administração e fazer esta transformação nas empresas.

Apaixonada por aprender e por desafios, fui levada a ter sólida experiência nas áreas de Finanças, Supply e Marketing e Venda Operacional; atuar em posições locais, regionais e globais em diferentes países (Brasil, França, Alemanha e USA).

Nos últimos 15 anos, tive forte vivência na liderança de times multidisciplinares, fazendo parte da transformação de uma das empresas líder em inovação do Agro com a entrega consistente de resultados por meio das pessoas.

Impulsiono negócios e pessoas mostrando o impacto de uma cultura de liderança humana, inclusiva e autêntica. Por meio de experiências de impacto e cases reais, consigo implementar processos de transformação profundos no âmbito corporativo e pessoal. Sou uma executiva com 25 anos de experiência em uma das principais empresas agrícolas do mundo, incluindo experiência internacional e em diversas áreas da empresa como Finanças, Supply e Marketing & Vendas, e histórico comprovado de trabalho na definição da visão, desenho e execução da estratégia em ambiente de negócios complexos e em constante transformação. Acredito e fomento um ambiente corporativo de muita colaboração, transparência e inclusão para termos as melhores soluções e resultados. Não tenho medo de inovar e de arriscar, pois só assim aprendemos.

Eleonora Lobo Salles Leite, Diretora Jurídica – Compliance – ESG - Jervois Brasil

Sou uma advogada corporativa do mundo da mineração e da metalurgia. Costumo dizer que só mudo o metal. Tive o privilégio de atender a empreendimentos minerários na Amazônia, tanto no estado do Pará quanto no Amazonas, e conviver de perto com comunidades tradicionais e indígenas, participando da avaliação de impactos do empreendimento e de ações para mitigá-los e compensá-los. Mineração pode não parecer um tema amigável, mas é vital para o estilo de vida moderno e continuidade da vida da forma como escolhemos, com tecnologia e inovação.

Atualmente, trabalho para uma empresa australiana jovem, chegando ao Brasil com bastante empolgação e vontade de fazer a diferença, focada em ser um fornecedor seguro e confiável de níquel e cobalto, atuando com respeito aos mais altos padrões de responsabilidade ambiental, social, segurança e bem-estar de nossos empregados e comunidade.

Adoro estar inserida em um ambiente onde sei que posso fazer a diferença, trabalhando para conscientizar as pessoas e a empresa sobre a importância do olhar atento aos *stakeholders*, com muito empenho para a redução dos impactos negativos da operação, e mais benefícios para as comunidades do entorno.

Sou uma pessoa alegre e muito comunicativa, que adora gente, e está sempre interessada em saber o que os outros têm para contar, qual sua história.

Karina Lima, Head de Vendas Startups - Amazon Web Services

A partir de agora, sempre será "Day One".

Sou uma executiva com 20 anos de experiência em vendas de tecnologia, mãe de um menino maravilhoso de 10 anos, o Bento, carioca. Eu sou uma mulher CIS (pronomes she/her/ela). Nasci e cresci no subúrbio do Rio de Janeiro e, além da minha experiência em vendas, liderança e voluntariado, também sou conhecida por minha forma criativa e descomplicada de pensar, viver e trabalhar, sempre colocando PESSOAS (sejam amigos, família, empregados ou clientes) em 1º lugar. Nas horas vagas, aprecio artes, toco harpa e bebo um bom vinho.

Minha carreira foi impulsionada por um mantra de alto desempenho com propósito e meus valores principais são empatia, gratidão e respeito, que me deram um histórico comprovado em impulsionar o crescimento dos negócios em todos os segmentos, construindo equipes diversificadas e de alto desempenho e um ambiente onde as pessoas podem dar o melhor de si falando a língua de nossos clientes para encontrar a interseção do sucesso para ambos os lados. Metade da minha vida profissional foi dedicada ao ecossistema de *Startups* e *Fintechs*, das quais me orgulho de ter participado de seus estágios iniciais e hoje são grandes empresas impactando positivamente nossa sociedade.

Sou apaixonada por orientar e capacitar outras pessoas, principalmente mulheres, para que tenham sucesso em suas carreiras e alcancem todo o seu potencial. Fui a primeira mulher vice-presidente no *core business* Brasil em meu último empregador e, por meio de minha liderança e *advocacy*, ajudei a criar uma cultura de local de trabalho mais inclusiva e diversificada, que valoriza e celebra diferentes perspectivas e experiências.

Minha mãe incutiu em mim a importância da educação como o único legado que ela poderia me deixar. Eu me formei em artes e negócios e continuo priorizando a educação e o autoaperfeiçoamento. Fiz meu MBA pela Coppead UFRJ e concluí um programa Advanced Board na St. Paul. Também tive a oportunidade de estudar Inovação na

Kaospilot na Dinamarca, Economia Comportamental na Universidade de Chicago e Administração e Conselhos na Universidade de TelAviv. Recentemente, terminei um programa ESG na EADA Business School em Barcelona.

Acredito fortemente na cultura de *lifelong learning* e melhoria contínua, e me esforço para aplicar esses princípios em minha vida pessoal e profissional. Com minha formação educacional diversificada e vasta experiência em vendas de tecnologia, estou animada para ver o que o futuro reserva e quais novas oportunidades surgirão em meu novo time.

Pitch Pessoal

O *elevator pitch*, em tradução para o português, o discurso de elevador foi criado nos anos 1980 e é uma prática muito usada no Vale do Silício por empreendedores. Essa fala tem como objetivo apresentar uma ideia no formato de um discurso curto e convincente para potenciais investidores em um curtíssimo espaço de tempo. Surgiu da ideia de que, se você estiver em um elevador com a pessoa mais importante do mundo para comprar sua ideia, seja um investidor ou CEO da sua empresa, não pode perder a oportunidade. Nessa situação, tem apenas alguns segundos, o tempo de subir o elevador, para apresentar a sua ideia, encantar e fazer com que essa pessoa se interesse em saber mais e agende uma conversa com você.

Um bom *pitch* pessoal deve ser claro, conciso e direto ao ponto, destacando os principais elementos da sua Marca Pessoal, ou do seu negócio. Basicamente conta qual é o problema que você resolve e como, dando destaque ao principal diferencial. Ele é bastante utilizado em situações de *networking*, entrevistas, reuniões de negócios, eventos sociais quando se quer causar uma boa impressão e estabelecer conexões com as pessoas. Trata-se de uma ferramenta para usar pessoalmente, e nunca escrever num e-mail ou mensagem. Isso porque, dependendo da pessoa para quem for falar – e da receptividade dela – você consegue fazer ajustes a fim de se conectar com ela. Por isso, sempre sugerimos que tenha um *pitch* para cada público que definiu trabalhar. Use-o como um protótipo, testando e ajustando. Seu *pitch* vai mudar, não se preocupe. E ele precisa mudar. À medida que for "se apresentando", é natural lapidar e aperfeiçoar esse discurso. Nós mesmos já fizemos mais de 50 versões do nosso.

A seguir, compartilhamos algumas perguntas bem objetivas para você conseguir elaborar seu *pitch* pessoal, lembrando que ele deve ser inspirado na Proposta Única de Valor elaborada no seu Posicionamento.

- Quem eu sou?
- O que eu ofereço?
- O que me torna uma pessoa única?
- Que resultados eu gero para minha audiência?

Esta é última versão do *pitch* que eu, Giuliana, uso para iniciar uma conversa que não seja para um dos públicos específicos que atuo: "Eu ajudo executivos, empreendedores e profissionais da saúde a identificarem seus diferenciais, organizando a sua narrativa de maneira autêntica e alinhada com seus objetivos e com a necessidade do seu público. Aplico o Método FLY® exclusivo de Marca Pessoal, desenvolvido por mim e minha sócia, usando nossa experiência de mais de 20 anos em comunicação e *branding* corporativo, fazendo algo que parece complexo se tornar simples. Ao vivenciarem a jornada de

Marca Pessoal, meus clientes aumentam oportunidades de negócio e o engajamento com seus *stakeholders*".

Como já falamos no mapa da empatia, cada perfil de cliente tem uma "dor" específica. E é necessário criar um *pitch* para cada público, dando enfoque a como você resolve essa "dor". A seguir, veja exemplos de *pitch* para públicos específicos para que consiga entender que é possível ajustar a mesma "base" de acordo com a necessidade do público.

• **Pitch executivo**

Imagine que eu, Giuliana, esteja num evento corporativo e um executivo que escutou um pouco sobre meu trabalho me pergunte o que eu faço.

"Eu sou estrategista de Marcas Pessoais.

Com minha experiência de mais de 20 anos em marcas corporativas, desenvolvi um método exclusivo de Marca Pessoal com o qual **ajudo você a contar sua história de maneira autêntica para atingir seus objetivos e aumentar o seu valor para o mercado.** Vamos marcar uma conversa?"

• **Pitch para empreendedores captarem investimento**

Agora imagine que eu esteja me apresentando para um empreendedor importante do Vale do Silício, que pode ser um potencial cliente para BetaFly. Veja o ajuste do meu *pitch* para ele:

"Eu sou estrategista de Marcas Pessoais.

Vivendo de perto o ecossistema de *startups*, entendi que o investidor em geral não aposta somente numa ideia disruptiva para um negócio escalável, ele vai 'comprar o empreendedor', ou seja, **a sua Marca Pessoal como empreendedor tem um valor importante para captar investimentos.**

Com a minha experiência de mais de 20 anos atuando com grandes marcas, desenvolvi um método exclusivo de Marca Pessoal por meio do qual ajudo empreendedores a contarem sua história em uma linguagem instigante e atraente para atrair investidores. Se quiser conversar mais, vamos marcar um café!"

- **Pitch para um médico que queira atrair pacientes**

Neste exemplo, como eu faria um *pitch* para um médico que precisa (re)encontrar seu espaço, pois no mercado que ele dominava e era referência há "novos entrantes".

"Eu sou estrategista de Marcas Pessoais. Com minha experiência de mais de 20 anos em marcas corporativas, desenvolvi um método exclusivo de Marca Pessoal para profissionais da saúde, com o qual ajudo você a se diferenciar, ter uma comunicação autêntica **para aumentar o seu valor para seus pacientes** e fazer seu paciente pagar pelo seu valor e não pelo seu preço. Dessa forma, **vai conseguir captar mais pacientes que valorizam seu trabalho.** Vamos marcar uma conversa?"

Storytelling

Storytelling significa "contar histórias". Todos temos histórias que valem a pena serem contadas e, repare, nossa mente não para de criá-las. Estamos o tempo todo construindo narrativas positivas ou negativas de acordo com as experiências que vivemos ou sonhamos viver. Também as contamos mesmo sem ter consciência de uma estrutura lógica: na mesa de jantar, num encontro social, na sala de aula, ao apresentar uma ideia numa reunião, ao falar para um grupo de investidores, ao oferecer um serviço ou produto para nossos clientes, em uma entrevista.

• **Por que contar histórias?**

Storytelling não é um conceito novo, mas tem sido bastante difundido no meio empresarial. Especialmente no Vale do Silício encontramos diversos especialistas que reforçam a efetividade desta forma de expressão. Há diversos estudos em torno das técnicas deste ato milenar. A estrutura mais conhecida é a Jornada do Herói, descrita por Joseph Campbell, em seu livro *O herói das mil faces*[25]. Essa técnica descreve os 12 passos para fazer o roteiro de uma história irresistível, muito usado por roteiristas de filmes.

Ter habilidade de contar histórias é importante para qualquer profissional, pois é por meio do *storytelling* que criamos uma conexão emocional para transmitir uma mensagem envolvente e memorável. O psicólogo e professor de Harvard e Oxford Jerome Bruner constatou, por exemplo, que um fato tem 20 vezes mais chance de ser lembrado se estiver apoiado em uma boa narrativa. Em um estudo da "Carnegie Mellon University", psicólogos e neurocientistas descobriram que histórias estimulam uma parte do cérebro que ajuda a compreensão dos pensamentos e emoções da pessoa. Além disso, também ativam uma parte do cérebro responsável pela tomada de decisão e motivação que pode levar o público a agir de acordo com a mensagem transmitida. O cérebro produz ocitocina, hormônio responsável por promover empatia e confiança – e isso ajuda a criar uma conexão emocional entre o narrador e o público.[26]

Não há como negar, portanto, que o recurso de contar histórias é uma ferramenta poderosa para desenvolver a sua narrativa pessoal também – e isso pode ser um grande diferencial.

• **Que história contar?**

A história que vale a pena ser contada é aquela que ressoe, de alguma forma, com o seu público, tenha passagens que vão ecoar com as dores, desejos e sonhos dele e despertam a curiosidade pelo desfecho. De maneira muito geral, podemos dizer que isso comumente está ligado a contar sobre desafios e superação.

Quando eu, Susana, participei do Workshop StoryTalks, ministrado por Bruno Scartozzoni, especialista em *Storytelling*, e Paulo Ferreira, especialista em Oratória e preparação para TED Talks, aprendi com eles uma regra poderosa sobre contar histórias: "Toda *talk* é um recorte". Em outras palavras, nunca teremos tempo, recursos e oportunidade para contar uma história completa. Por isso, foque um episódio, escolha um aspecto e vá fundo nele, extraindo seu máximo potencial. As narrativas mais poderosas podem vir de situações aparentemente cotidianas, mas contadas a partir de um viés pessoal.

Exercício prático

Pense em uma experiência marcante, um evento que tenha contribuído para definir quem você é hoje. Não se preocupe se parecer pequeno ou simples – as melhores histórias muitas vezes vêm de situações cotidianas. Use as questões a seguir para conseguir identificar pontos relevantes que merecem ser compartilhados.

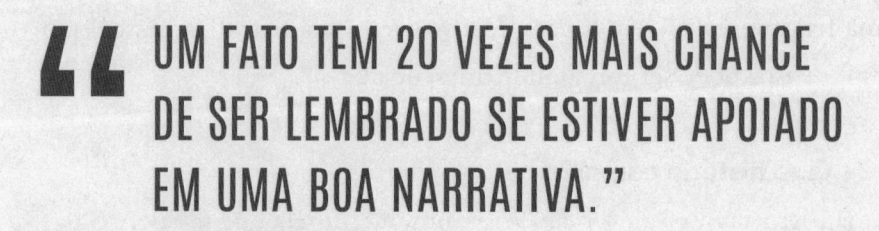

> **" UM FATO TEM 20 VEZES MAIS CHANCE DE SER LEMBRADO SE ESTIVER APOIADO EM UMA BOA NARRATIVA."**
>
> Jerome Bruner

- Qual era o contexto, o entorno?
- O que aconteceu que modificou o ambiente?
- Como você reagiu?
- Quais desafios você encontrou?
- Quais decisões você precisou tomar?
- Quais habilidades você usou?
- Quais valores esta experiência representou para você?
- Houve resultados? Pessoas foram beneficiadas – aprenderam algo, se desenvolveram?
- Que problema você resolveu ou oportunidade que criou?
- Em que você se tornou melhor em fazer?
- O que se sabe agora que não se sabia antes dessa experiência?
- Qual foi o seu sentimento após este acontecido?

Essas são perguntas que ajudam a extrair o máximo de potencial de uma experiência. Mas não conte sua história em tópicos – somente use algumas dessas perguntas como inspiração e comece a rascunhar seu texto da forma como conta (ou contaria). Procure mesclar a objetividade do ambiente profissional com pitadas de emoção. E não se esqueça: a melhor linguagem para contar é a sua mais autêntica.

Como comunicar

Pense numa pessoa que você acredita ser uma excelente comunicadora. Quando fazemos essa pergunta em nossas palestras, alguns nomes como

Ana Paula Padrão, Barack Obama, Chris Pelajo, Luciano Huck, Michele Obama, Oprah Winfrey e Silvio Santos vêm imediatamente como resposta. Essas pessoas têm em comum algumas características e é provável que a pessoa na qual você pensou também tenha os elementos que vamos descrever abaixo. Bons comunicadores têm um talento especial para transmitir seu conteúdo. Isso está relacionado a dois pontos essenciais:

- COMO você trata o seu conteúdo;
- COMO você embala seu conteúdo.

COMO você trata o seu conteúdo

Para comunicar sua Marca Pessoal de maneira eficiente, você precisa ter clareza, consistência e constância. Esses são os 3 C's da Comunicação que farão sua mensagem ter força e relevância. Tão importante quanto saber o que comunicar é trabalhar esses três pontos. Entenda melhor cada um deles.

- **Clareza**

Este elemento não está em primeiro lugar à toa. Ter uma comunicação clara é parte essencial de qualquer conversa e do sucesso de uma marca. Muitas pessoas acreditam que se comunicam muito bem, mas, quando vamos buscar *feedback* de seu público, notamos que nem sempre a mensagem chegou tão clara quanto o emissor imaginou. Como disse o escritor Robert McCloskey: "Eu sei que você acredita que entendeu o que você pensa que eu disse. Mas eu não estou certo de que você compreende que o que você ouviu não é o que eu quis dizer". Claro que essa frase é um exagero para reforçar o ponto, mas se as pessoas não forem capazes de entender aquilo que se propõe a fazer, dificilmente irão se conectar com você.

> **EU SEI QUE VOCÊ ACREDITA QUE ENTENDEU O QUE VOCÊ PENSA QUE EU DISSE. MAS EU NÃO ESTOU CERTO DE QUE VOCÊ COMPREENDE QUE O QUE VOCÊ OUVIU NÃO É O QUE EU QUIS DIZER."
>
> Robert McCloskey

A primeira dica de ouro para que qualquer comunicação seja clara é saber quem é o público com quem vai falar, pois, para cada audiência, existe uma linguagem mais adequada. Digamos que você é médico e vai falar para um grupo de profissionais da mesma área. Poderá usar uma linguagem mais técnica – aliás, isso é até bem-vindo. No entanto, se for explanar o mesmo assunto para leigos, precisará ser mais didático e buscar outro nível de clareza para que sua mensagem chegue sem ruído. A responsabilidade pela compreensão de uma mensagem é de quem a emite. Então, além de ter domínio do que deseja comunicar, precisa pensar na linguagem que vai usar.

Exercício prático

Quando for elaborar uma mensagem, tente sintetizar em uma frase o resultado daquilo que quer deixar como residual.

Passo 1 – Use uma estrutura simples como: "O que eu quero que as pessoas saibam é que..." e termine a frase usando esta ordem: sujeito + verbo + informação adicional.

Por exemplo: "O que eu quero que o fulano saiba é que o projeto do novo sistema será concluído na próxima semana, e resolveremos todos os problemas ocorridos".

Passo 2 – Liste os três tópicos mais relevantes sobre essa mensagem em uma frase curta para cada um. Usando o exemplo anterior, poderíamos detalhar a mensagem da seguinte forma:

- O cronograma foi atrasado em função do problema técnico ocorrido;
- Contratamos uma equipe suplementar e isso acarretará um custo adicional;
- Mesmo com o atraso, o sistema entrará em operação a tempo de atender a nova estratégia.

Quando você monta um esquema simples assim, a chance de que a sua mensagem seja emitida de maneira mais clara é muito maior, pois já a estruturou mentalmente. Já quando elabora um texto sem ter clareza de onde quer chegar, a chance de a mensagem ficar confusa para os interlocutores aumenta bastante.

• Consistência

A consistência na comunicação é responsável por construir confiança, porque faz com que seu público saiba o que esperar de você, e isso reforça sua conexão com ele. Para sua comunicação ser consistente, é importante que ela tenha um fio condutor. Ou seja, que alguns conteúdos e conceitos de sua Marca Pessoal estejam sempre presentes. A expectativa que o próximo encontro com você será coerente com os anteriores é o que constrói reputação. Mas há um ponto de atenção: ter um fio condutor não significa estar sempre igual. Ser consistente, mas não previsível é uma meta a ser perseguida se desejar ter uma percepção de marca que seja ao mesmo tempo dinâmica e robusta.

Quando falamos de comunicação consistente para Marca Pessoal, queremos dizer que a sua comunicação precisa ser coerente. Você deve se apresentar continuamente de maneira alinhada com a sua essência. Ainda que circule por ambientes diferentes – a empresa onde atua, o grupo de pais da escola, a aula de tênis, suas redes sociais – procure garantir que, em qualquer meio, consiga reforçar seu posicionamento e o DNA da sua marca. Claro, você vai adaptar o conteúdo de acordo com o contexto, mas garanta que suas mensagens-chave estejam sendo passadas.

Um exemplo de consistência é a forma como a jornalista Ana Paula Padrão se comunica. Conhecida por uma sólida carreira como correspondente internacional e apresentadora, Ana Paula fundou em 2004 uma plataforma de apoio ao empreendedorismo feminino. Desde então, sua comunicação vem consistentemente trazendo elementos de empoderamento da mulher, tendo se tornado, em pouco tempo, uma referência neste assunto. Outro exemplo é o do apresentador Luciano Huck, que já tendo uma carreira consolidada como apresentador, construiu uma narrativa adicional ligada a questões sociais no Brasil.

O fio condutor deve sempre permear a sua comunicação para que seu público consiga "fixar" essa mensagem e, portanto, sempre associar a sua marca a ele. Por exemplo, em todas as palestras, mentorias e conversas que temos sobre Marca Pessoal, gostamos de reforçar que o pilar que sustenta qualquer marca autêntica é o autoconhecimento. O fio condutor é o autoconhecimento, que reforça o nosso Posicionamento. Dessa forma, garante que a maioria das pessoas que interage conosco saiba que uma jornada de Marca Pessoal com a BetaFly será um processo com uma base identitária profunda e pautado em autenticidade.

Eduardo trabalhou por muitos anos na área de bens de consumo. Quando nos procurou, já fazia cinco anos que havia feito uma migração para uma empresa B2B. Ele queria voltar a atuar em uma empresa que atendesse diretamente ao consumidor final, pois acreditava que, nesse modelo de negócios, conseguiria usar melhor suas habilidades. Ao recebermos o resultado do seu *Feedback* 360º, percebemos que a Marca Pessoal dele estava difusa: algumas pessoas ainda o reconheciam no segmento antigo e só tinham essa lembrança. Outras, somente conheciam o Eduardo do segmento atual e pareciam não saber muito bem quais eram as suas experiências anteriores mais relevantes.

Ter trabalhado em segmentos diferentes poderia ser um grande diferencial para Eduardo, mas estava se tornando um verdadeiro "tiro no pé". Em vez de conseguir se mostrar um profissional com experiência diversificada, ele passava a impressão de não ter um traço de atuação distinto. Na organização das mensagens-chave de sua marca, buscamos encontrar um fio condutor e chegamos à conclusão de que sua preocupação com sustentabilidade, governança e ética era algo que unia suas diversas experiências. Portanto, esses três pontos passaram a compor sua principal mensagem. A partir daí, ficou mais fácil para as pessoas entenderem a contribuição que Eduardo seria capaz de dar em qualquer lugar que estivesse atuando, independentemente da posição que ocupasse. Isso facilitou tremendamente seu discurso, e ele conseguiu rapidamente se reposicionar novamente no segmento que estava buscando.

Exercício prático

Reflita sobre as últimas comunicações da sua Marca Pessoal. Podem ser encontros de *networking*, participações em eventos, *posts*, palestras, apresentações que tenha feito, enfim, qualquer oportunidade em que se apresentou ou interagiu profissionalmente. Avalie se há nelas algum fio condutor, algum elemento que se repete sobre sua proposta de valor como profissional. Avalie se esse elemento é aquilo que você gostaria que ficasse gravado na mente das pessoas. Guarde essa reflexão, pois ela é um aquecimento para você começar a trabalhar no aprimoramento da sua comunicação.

- **Constância**

Ter constância é estar visível e ter frequência na comunicação. O tempo é um dos maiores aliados no fortalecimento das marcas. Marcas fortes estão sempre nos radares de seus públicos e criam confiança em suas entregas por estarem sempre ali. Muitas pessoas comunicam algo uma ou duas vezes e acham que é suficiente. Esse é um grande equívoco, porque poucas pessoas recebem cem por cento dos impactos que emitimos. Por isso, não tema a repetição. Falar a mesma coisa diversas vezes, e por diferentes ângulos, tem várias vantagens. Uma delas é que nem todo mundo entende de cara aquilo que você quer dizer. Para você pode parecer óbvio, mas nem sempre aquilo que está dizendo é cristalino para outra pessoa. A repetição ajuda na clareza. Outra vantagem é a memorização. Ao receber uma informação por um longo período, o cérebro começa a consolidar aquela mensagem na memória de longo prazo, tornando-a mais fácil de ser acessada posteriormente. Num mundo com tantos ruídos e distrações, insistir em explorar todo o potencial de uma mensagem pode ser de grande valia para o fortalecimento da sua Marca Pessoal.

Exercício prático

Se o sucesso de um trabalho de Marca Pessoal está na consistência, é muito importante que você se dedique a ela com frequência. Não estipule tarefas impossíveis de serem cumpridas, porque não adianta agir com alta intensidade por uma semana e parar por não sustentar o ritmo.

Talvez você nos pergunte: como as pessoas conseguem produzir tanto conteúdo? Mal dou conta da minha agenda. Como vou fazer isso? A questão é se colocar como prioridade e isso requer uma mudança de hábito. É uma quebra de padrão incorporar o hábito.

Manter a frequência pode ser um desafio para algumas pessoas, mas isso não quer dizer que você precisa se tornar escravo da produção de conteúdo. Para solucionar essa questão, avalie:

Quanto tempo da sua semana você passa trabalhando pela Marca Pessoal de terceiros? E quanto tempo você dedica à própria?

James Clear, autor do livro *Hábitos atômicos*, afirma: "Consistência vem antes da intensidade. Comece pequeno e torne-se o tipo de pessoa que aparece todos os dias. [...] E então aumente a intensidade".[27]

Estabeleça uma meta de produção e compartilhamento de conteúdo que faça sentido para você e que considere possível de ser cumprida, independentemente do meio que escolher.

Bloqueie um horário semanal para isso – coloque na sua agenda como se fosse uma reunião com outra pessoa. Se tiver que desmarcar, imediatamente remarque um outro horário. Levar a sério a constância na comunicação é um passo fundamental para o sucesso da sua Marca Pessoal. Importante: interagir, responder mensagens, comentar nas mídias e estar ativo com seu público também é estar visível.

> **"CONSISTÊNCIA VEM ANTES DA INTENSIDADE. COMECE PEQUENO E TORNE-SE O TIPO DE PESSOA QUE APARECE TODOS OS DIAS. [...] E ENTÃO AUMENTE A INTENSIDADE."**
>
> James Clear

COMO você embala o seu conteúdo

Já se perguntou por que algumas pessoas têm uma presença mais memorável que outras abordando um mesmo conteúdo?

Chamamos de Presença Executiva o conjunto de elementos sutis que envolvem a Marca Pessoal e que levam algumas pessoas a provocarem uma presença mais memorável do que outras.

Todos nós conhecemos pessoas extremamente competentes, com muito conteúdo e capacidade de organizar suas narrativas de maneira lógica, mas que não conseguem se destacar no ambiente em que estão inseridas. O contrário também existe. Pessoas que não têm um grande diferencial, mas que, como se diz coloquialmente, "chegam chegando". Essas pessoas parecem ter algo difícil de explicar, que já foi chamado de aura, carisma, magnetismo e diversos nomes compostos de elementos subjetivos.

Até algum tempo atrás, acreditava-se que essa aura se tratava de um dom, um presente da natureza. Ou você tinha a sorte de ser um indivíduo que nasceu agraciado com este talento, ou, infelizmente, tinha que se contentar com seu destino.

Felizmente isso mudou e hoje há diversos profissionais se dedicando a estudar e decupar os principais elementos que fazem alguém ter uma presença mais impactante do que as demais.

Eu, Susana, tive o privilégio de estar em Nova York com Harrison Monarth, *coach* executivo, consultor de liderança e de discutir com ele detalhes de sua abordagem no excelente livro e best-seller *Presença executiva*. Presença, no sentido estrito, é o oposto de ausência; segundo Harrison, é literalmente sobre isso que estamos falando: estar ali quando as pessoas precisam de você. "É um conceito fluido que abrange certas características, comportamentos, habilidades e traços de personalidade que compõem um poder pessoal que inspira e envolve as pessoas".[28]

Exploraremos aqui dois aspectos deste tema tão fascinante.

Inteligência Emocional e Social

Quando nós duas trabalhamos na Natura, aprendemos um conceito que nos encantou, cuja essência nos acompanha até hoje: o bem-estar e o estar bem. Essa frase se forma a partir de uma conexão contínua entre o bem-estar (interno, eu bem comigo mesmo) e o estar bem (externo, eu bem com o mundo) e expressa como essas duas dimensões se conectam em um fluxo que se manifesta nas relações harmoniosas.

Esse conceito se conecta profundamente com o que Monarth afirma sobre a dinâmica das relações. Para termos relações harmoniosas, precisamos de uma competência para gerenciar sentimentos. Ele diz:

> *Autoconsciência é sobre entender-se e sobre como você se comporta em contato com outras pessoas. Inteligência Social é,*

portanto, muito sobre como você é percebido pelas outras pessoas, ou melhor ainda, a gestão do que é percebido pelas outras pessoas. Trata-se do entendimento — e quando você compreende corretamente, o domínio — daquilo que provoca uma resposta positiva de outras pessoas tanto em termos de relacionamento e encontros casuais quanto diante de uma plateia cheia de pessoas desconhecidas.

Essa concepção tem como base os estudos do psicólogo Daniel Goleman, que em 1995 denominou essa capacidade de inteligência emocional, quando lançou o best-seller *Emotional Intelligence*, com milhões de livros vendidos em todo o mundo. Segundo sua abordagem, a inteligência emocional é formada por cinco princípios fundamentais: autoconsciência, controle emocional, automotivação, empatia e habilidades sociais (inteligência social).

> **É UM CONCEITO FLUIDO QUE ABRANGE CERTAS CARACTERÍSTICAS, COMPORTAMENTOS, HABILIDADES E TRAÇOS DE PERSONALIDADE QUE COMPÕEM UM PODER PESSOAL QUE INSPIRA E ENVOLVE AS PESSOAS."
>
> Harrison Monarth

Os cinco pilares desenvolvidos por Goleman são:

1. **Autoconsciência:** conhecer suas emoções e entender como funcionam. Como elas surgem, de onde vêm e de que maneira se manifestam.
Pessoas que se conhecem têm consciência de suas fortalezas, fraquezas e limitações, aprendem a explorar suas potencialidades e respeitam seus limites.

2. **Autorregulação:** habilidade de controlar suas emoções, gerenciar os seus sentimentos.
Depois de conseguir reconhecer o que você sente, fica mais fácil controlar essas diferentes sensações. Capacidade de lidar com situações adversas, mantendo o controle e a segurança, de maneira positiva e menos estressante.

3. **Automotivação:** usar as emoções a seu favor, em prol de algum objetivo, se motivar e se manter motivado. Perseverança, resiliência e iniciativa são características de pessoas automotivadas.

4. **Empatia:** este pilar já envolve as competências interpessoais, e não apenas as habilidades individuais. Reconhecer que as demais pessoas ao seu redor também têm emoções e precisam aprender a lidar com elas. Reconhecimento das emoções em outras pessoas. Sentir o outro em um ambiente social, perceber dores e necessidades.

5. **Relacionamento Interpessoal:** necessidade de nos relacionarmos com o outro. Interagir em ambiente social. Estar emocionalmente disponível, ser persuasivo, influente e saber administrar conflitos.

Ao trabalhar esses aspectos, sua comunicação ganha potência por estar ancorada em quem você é quando está em equilíbrio. Trazendo para Marca Pessoal, vemos que estar em equilíbrio consigo mesmo e com o meio é fundamental para se lançar no mundo. Por isso, é importante primeiro olhar para dentro, exercitando a autoconsciência, para, em seguida, olhar para fora e entender como esse "eu" vai se posicionar no jogo de xadrez chamado mercado.

Comunicação não verbal

A comunicação não verbal é a transmissão de informações, sentimentos e intenções sem o uso de palavras. Ou seja, tudo aquilo que também comunica como gestos, contato visual, expressões faciais, postura corporal, tom e velocidade de voz e outros aspectos que não envolvem a linguagem falada ou escrita, e que complementam o significado das palavras. A forma como nos apresentamos ao mundo influencia diretamente como somos percebidos pelos outros. Ao transmitir uma comunicação coerente, autêntica e positiva por meio da comunicação não verbal, estamos reforçando a nossa Marca Pessoal e fortalecendo uma imagem consistente e memorável.

Esses elementos, em conjunto com o significado das palavras, compõem o todo da mensagem que estamos emitindo. Um dos maiores estudiosos neste assunto foi o professor iraniano Albert Mehrabian, que conduziu uma ampla pesquisa na UCLA (Universidade da Califórnia, Los Angeles), e publicou um livro que se tornou uma referência sobre esse assunto, *Silent Messages*[*]. Mehrabian constatou que a linguagem não verbal impacta fortemente na percepção do sentimento que está por trás da mensagem que está sendo dita, compondo o todo. Por exemplo, uma postura confiante e ereta pode transmitir autoridade e

---

[*] Em livre tradução para o português, *Mensagens silenciosas*.

segurança, enquanto uma postura encurvada pode passar uma imagem de submissão ou insegurança. Um sorriso genuíno pode transmitir empatia e simpatia enquanto uma expressão fechada pode ser interpretada como hostilidade ou desinteresse.[29]

O raciocínio do professor Mehrabian é de que as palavras, a voz e a linguagem corporal devem ser consistentes umas com as outras durante a comunicação. Se quem interpreta a informação detectar alguma inconsistência, será o não verbal, prioritariamente, a ser utilizado para se obter uma impressão geral sobre a mensagem.

Exercício prático

Quer saber como está a sua comunicação não verbal? Escolha um tema confortável para você – por exemplo, algum trecho da sua vida que conte frequentemente, para que não tenha que se preocupar em memorizar o conteúdo. Grave a si mesmo falando e, depois, assista observando os seguintes aspectos:

- Contato visual;
- Postura corporal;
- Movimentação de corpo e de braços;
- Direcionamento da cabeça;
- Modulação da sua voz;
- Silêncio e uso de pausas.

Ao assistir ao seu vídeo, mais do que se prender a aspectos técnicos, avalie se sua comunicação não verbal transmite os sentimentos que deseja passar e se contribuem para ajudar na compreensão da sua mensagem.

Algumas considerações sobre como avaliar a sua comunicação não verbal ao assistir ao seu vídeo e como pode cuidar para transmitir o que deseja, de maneira natural.

Tom de Voz

Toda marca tem uma "voz" que é uma forma de expressão da sua personalidade. Por exemplo, sua voz pode ser amigável, apaixonada, educada, espirituosa, familiar, direta ou reservada.

É importante evitar uma confusão frequente aqui: quando falamos de voz da Marca Pessoal, estamos falando de atributos da sua comunicação, ou seja, aquilo que a sua voz passa, o que as pessoas sentem quando ouvem, leem ou veem algo produzido por você. Sim, a "voz" da sua marca tem o sentido de como você se expressa.

A voz da sua Marca é a característica da sua personalidade e, na maioria das vezes, é o que predomina na sua comunicação porque já faz parte de você, é o que faz sem esforço. Mas você pode "calibrar" o tom da sua voz de acordo com a intenção da sua comunicação. O seu tom é como expressa sua personalidade em uma situação específica. Dependendo do seu público e da intenção da sua comunicação, do estado emocional do público e de outros fatores contextuais relevantes, você pode desejar adaptar o tom da sua voz.

Veja que não estamos falando do timbre da sua voz. E qual é a diferença entre timbre e tom?

Timbre é a característica mais técnica da sua voz: uma voz pode ser grossa, anasalada, aguda... Inclusive há estudos, como um conduzido pela Universidade de Duke, nos Estados Unidos, que indicam que a voz mais grave levaria a maior sucesso na carreira.[30]

Já o tom é o que você passa pela sua voz: otimismo, confiança... Um exemplo: na maioria das vezes, a sua comunicação pode ser mais entusiasmada e energética. Isso não impede que use um tom otimista e persuasivo em uma comunicação de vendas, um tom cauteloso e humilde em um e-mail de desculpas para seus pacientes ou clientes. Isso é ajustar o tom de voz de acordo com a audiência e objetivos.

Quando você traz o tom da sua voz para o nível de consciência, e usa com mais intenção, sua marca fica mais parecida com o que deseja projetar. Aliás, tomar consciência de qualquer aspecto da linguagem não verbal ajuda a usá-la com mais estratégia.

Apresentação física

É um elemento que as pessoas frequentemente associam diretamente à Presença Executiva. Não é à toa. A forma como nos apresentamos é o primeiro impacto que causamos, antes mesmo de termos tido a oportunidade de apresentar nosso conteúdo.

Todos já ouvimos que o cérebro leva pouquíssimos segundos para formar uma primeira impressão. E sabemos quanto as primeiras impressões são enviesadas por elementos culturais. Por exemplo, no Ocidente, um homem vestindo um terno elegante e bem cortado pode ser considerado um bom profissional, mesmo antes que se conheça sobre a sua competência. Da mesma forma, uma mulher com o cabelo preso em um coque impecável, uma maquiagem bem-feita e um acessório imponente pode comunicar senioridade. Já na Índia ou no Oriente, o traje para comunicar estes mesmos atributos pode ser outro, completamente diferente. Os códigos variam de acordo com a cultura. Milhões de pessoas em todo o mundo viram Tamim bin Hamad Al Thani, monarca e chefe de estado do Catar colocar uma túnica bordada com fios de ouro sobre os ombros do jogador Lionel Messi, na entrega do troféu da Copa do Mundo de 2022. Poucos entenderam, pois se trata de um traje que, fora daquele contexto, não significa nada. Naquele país, no entanto, tem significado de realeza e só é utilizado em ocasiões muito especiais.

Os códigos, que variam de acordo com o ambiente no qual você está interagindo, vão emitir mensagens sobre você de maneira implícita. Por isso, existem muitos profissionais dedicados a apoiar as pessoas a se apresentarem de maneira adequada com a imagem que querem passar – desde consultores de estilo a profissionais de fonoaudiologia.

Reconhecemos que esses elementos são poderosos, mas acreditamos que mais importante do que tentar se adequar a um padrão, é apresentar-se de maneira alinhada com a sua Identidade. Como quase tudo na vida, a sabedoria geralmente está no meio. Recomendamos que busque ter uma imagem autêntica e, ao mesmo tempo, procure inserir elementos que sejam confortáveis ao seu interlocutor. Essa costuma ser uma boa receita. Assim, você consegue sustentar um estilo pessoal ao longo do tempo.

Evite a todo custo tentar construir uma imagem baseada em uma personagem. Isso envolve um esforço de energia muito grande, quase uma violência com quem somos. E é muito difícil de dar continuidade. Um caso clássico e bastante falado no Vale do Silício (e fora dele também) foi o da empreendedora Elizabeth Holmes, atualmente presa e cumprindo pena por fraude. Holmes enganou diversos investidores com um projeto que, na realidade, não existia, mas o ponto que queremos abordar aqui é que ela tentou criar uma personagem que ela acreditava que comunicaria elementos de sucesso como empreendedora. Os dois símbolos mais marcantes que ela adotou foram: primeiro, usar blusas pretas de gola rolê idênticas às que Steve Jobs usava em quase todas as suas apresentações públicas. E o segundo foi trabalhar a sua voz para que ela soasse ligeiramente mais grave do que naturalmente era. Existe uma gravação que mostra Holmes "escorregando" e usando o seu timbre de voz natural, e logo voltando a um tom mais grave. Holmes é um dos inúmeros exemplos de pessoas que tentam construir uma personagem, mas que não conseguem sustentá-la por muito tempo. A autenticidade e a comunicação genuína, quando sustentam um conteúdo que é relevante para outra pessoa, são os verdadeiros elementos poderosos de uma presença de impacto.

Onde comunicar

Alguns dos canais de expressão da sua Marca Pessoal são reuniões, eventos, palestras, cafés... Além deles, há o ambiente on-line com as redes sociais, e-mail marketing, site. São muitas as oportunidades de se fazer presente com seus atributos, mas você não precisa ser onipresente. Vamos falar sobre essas diversas opções e ajudá-lo a escolher quais priorizar, de acordo com os objetivos de sua Marca Pessoal.

Comunicação on-line

A comunicação on-line amplifica a possibilidade de se relacionar com seu público. Ela tem um peso maior ou menor dependendo de diversos fatores, como sua área de atuação, posição que ocupa, a natureza do seu trabalho. Hoje, porém, são pouquíssimas as funções nas quais identificamos que os canais digitais não tenham uma colaboração positiva.

Sabemos que algumas pessoas ainda são muito resistentes a esses canais e preferem a comunicação presencial. Uma coisa não substitui a outra. Os objetivos de cada veículo e forma de comunicação são diferentes. Ter a maestria de calibrar esses dois elementos e decidir quando é melhor usar um ou outro é algo poderoso em favor do fortalecimento da sua Marca Pessoal.

As redes sociais são uma das principais ferramentas para amplificar sua Marca Pessoal e, geralmente, são a porta de entrada para novos clientes. São locais onde estará o tempo todo comunicando por meio dos conteúdos determinados por suas mensagens-chave. Você pode usar YouTube, *podcasts*, aplicativos, WhatsApp, Instagram, Facebook, Telegram, LinkedIn e newsletters.

A presença em redes sociais deve ser um diálogo, uma troca e interação com a sua comunidade. Isso traz a possibilidade de conhecer ainda mais seu público e obter *feedbacks* que podem direcionar ações no seu negócio e conteúdo nas redes sociais. Além de ouvir o que as pessoas dizem sobre você, é importante interagir com seus públicos, a fim de direcionar sua comunicação e seu negócio, reforçando os atributos de marca pelos quais quer ser reconhecido.

Por meio desse diálogo, você vai construindo confiança, torna o relacionamento mais maduro e, sempre que sua comunidade precisar dos seus serviços, vai lembrar ou até indicar você.

Portanto, esta é uma grande oportunidade de "marcar" seu território e seu Posicionamento.

Uma dúvida frequente que recebemos: "Preciso estar em todas as redes sociais?". A resposta é não. Não há necessidade de atuar em todas elas, nem de desenvolver conteúdo para todos os canais disponíveis. Você tem que escolher a rede social mais pertinente para o seu negócio, alinhada e coerente com sua essência e, o mais importante, onde esteja o seu público. Apenas se tiver tempo disponível para gerenciar mais do que uma rede digital, ou uma equipe que faça isso, trabalhe a segunda. O mais importante é ter uma bem-feita.

As perguntas que ajudam nesse processo são:

- Onde está o público que quero atingir?
- Qual é a minha afinidade com a rede?
- Quais recursos eu tenho (agenda, pessoas) para alimentar essa rede?

É importante conhecer cada rede social ou canal de comunicação on-line para definir qual e como usá-la, além de entender o que o seu público espera em cada uma delas. Abaixo, colocamos uma lista com a ideia principal de cada plataforma para que possa se aprofundar mais quando for escolher qual ou quais usar para fortalecer a sua marca e manter uma conexão com seu público.

- **LinkedIn:** rede com perfil mais profissional, que tem crescido cada dia mais como um canal digital para construir autoridade. É possível fazer parte de grupos de discussões de acordo com seu interesse profissional, compartilhar artigos, *posts* e vídeos. É a rede fundamental para executivos e empreendedores usarem como uma poderosa rede de *networking*, podendo se conectar com outros profissionais de qualquer parte do mundo.
- **Instagram:** é uma rede onde em que os usuários gostam de acompanhar informações rápidas e apoiadas em recursos visuais. Público prioritariamente mais feminino e, no Brasil, tem sido usado muito para negócios de moda, estética, saúde e bem-estar. Nele também é possível turbinar *posts* e segmentar públicos por interesses, idade, localização geográfica. Por meio dessa plataforma, é

possível fazer anúncios segmentados para alcançar seu público de maior interesse. Nos Estados Unidos, o Instagram não é a primeira rede para contatos e para gerar negócios.

- **Facebook:** plataforma com perfil mais para captação de *leads* em públicos específicos. Nele, também é possível fazer anúncios segmentados para alcançar seu público. Importante avaliar se o seu público usa com frequência essa plataforma.

- **Twitter:** rede social focada em microblogs, com mensagens curtas e diretas. É muito usada principalmente para compartilhar ideias, opiniões e se manter atualizado sobre notícias e tendências.

- **YouTube:** eficiente para conteúdos de alta qualidade e longevos, os vídeos podem ser procurados por anos depois de sua criação de maneira mais organizada, em listas (em vez do *Feed*). Geralmente é uma plataforma para marcas pessoais mais ativas on-line e costuma ser usada como uma segunda opção com Instagram, LinkedIn ou Facebook.

- **TikTok:** focada em vídeos curtos e virais, conteúdos rápidos, criativos, divertidos e dinâmicos. Se você tem um público jovem, considere. Segundo dados da própria plataforma, 66% dos usuários têm menos de 30 anos. E a maioria entre 16 e 24 anos.

- **WhatsApp:** para conversas ágeis, tem sido usado com muita frequência para contato com clientes individualmente ou grupos de amigos e de discussões.

- **Telegram:** tem sido usado para grupos, com os quais é possível compartilhar conteúdo mais exclusivo e os participantes não têm acesso a todos os contatos "abertos" como no WhatsApp.

- **Metaverso:** não é exatamente uma rede social, mas um ambiente virtual em que as pessoas podem interagir com outras pessoas e objetos em um ambiente digital 3D. Nele, você pode criar seu avatar, com a sua personalidade e características da sua marca para se conectar com o público por meio de eventos virtuais. Também é mais um espaço de visibilidade de marcas que vêm crescendo significativamente.

Exercício prático: defina as suas metas de Comunicação on-line

Pense em seus objetivos: o que é sucesso para você com sua comunicação on-line?

- Aumentar a visibilidade para sua Marca e também para seu negócio?
- Aumentar a interação com seu público?
- Reforçar sua credibilidade na sua área de atuação?
- Tudo isso junto?

A partir da sua definição de sucesso, pense em metas para a sua comunicação que ajudarão você a atingir seus objetivos. Trace-as de acordo com sua rotina, com aquilo que se encaixa no seu dia a dia e o que vai conseguir atingir. Lembre-se de que gerar conteúdo é algo que demanda tempo. Portanto, recomendamos organizar a sua agenda para realizar essa tarefa e cumprir seu objetivo de estar presente nas redes sociais com consistência.

Comunicação presencial para plateias

Falar com grandes públicos, em palestras, *talks*, programas de tevê pode ser assustador para algumas pessoas – estudos mostram que mais de 80%

da população sofre de forte ansiedade para falar em público – preparar-se para essas situações é importante, pois se trata de mais uma oportunidade de amplificar sua mensagem. A comunicação face a face é quase imbatível para algumas situações. É quando conseguimos usar de elementos como empatia, leitura das necessidades da outra pessoa, sensibilidade, dentre diversas outras habilidades... Com o olho no olho, podemos adaptar nossa comunicação e mensagem para melhor encaixe de cada situação.

Essa grande oportunidade de fortalecer nossa Marca Pessoal pode gerar o famoso frio na barriga antes de entrar no palco. Essa ansiedade é natural e explicada pela ciência como quase um instinto de sobrevivência. Nosso objetivo aqui, portanto, não é vencer a ansiedade, mas sim gerenciá-la, colocar este potente sentimento para trabalhar a seu favor. Estar à vontade para falar em público não é importante somente para você se sentir melhor, mas também para aumentar a aderência da mensagem à sua audiência. Assistir a uma pessoa ansiosa deixa também a plateia desconfortável, e, portanto, abaixo de seu nível de engajamento. O professor Matt Abrahams apresenta três dicas que podem ajudar a gerenciar este sentimento.

1. **Normalmente, a ansiedade aparece logo no começo ou antes da apresentação.** Em vez de tentar controlar esse sentimento, reconheça-o. Diga a si mesmo algo como: "Sim, estou me sentindo assim porque este é um momento importante para mim e os resultados têm consequências para minha imagem profissional". O simples fato de reconhecer o sentimento não o reduz, mas evita que ele escale a níveis muito maiores.

2. **Não enxergue uma apresentação como uma performance.** Em uma performance, por exemplo teatro ou dança, existe certo e er-

rado. Em uma apresentação, não. Veja-a como uma conversa. Para isso, comece fazendo perguntas, use linguagem coloquial e inclusiva.

3. **Foque o momento presente em vez de se preocupar com a consequência futura.** Algumas técnicas que ajudam são fazer uma rápida meditação antes, além de usar técnicas de respiração e de aquecimento vocal.

Outro recurso que ajuda você a se preparar para uma apresentação é ter claro em sua mente o que as pessoas precisam reter de mensagem principal após a sua fala. Pode ser um ganho, um aprendizado, uma lição. Pergunte-se: "O que as pessoas precisam ter compreendido ao fim da minha apresentação?" e "Qual é o principal sentimento que você deseja provocar nessas pessoas?". Outra dica: não deixe essa mensagem para o fim, coloque-a no início de sua fala e siga explicando. Dessa forma, sua narrativa será mais fluida e eficiente.

Sua apresentação pode ter o apoio e o diferencial de slides, mas tome cuidado para que não sejam uma muleta. O intuito é que complementem a sua mensagem, ilustrando com uma imagem algo que é difícil de transmitir em palavras e até guiar a sua apresentação. Não tenha slides com muito texto e, principalmente, evite ler o que está escrito neles. Quanto mais à vontade ficar em uma apresentação, menos vai precisar deles.

Um desafio em tempos *smartphones* é reter a atenção do público. Em vez de brigar com o fato de as pessoas manterem seus celulares ligados enquanto você fala, proponha alguma atividade que envolva o aparelho para engajar o público. Algumas sugestões:

- Perguntas e respostas em aplicativos que mostram resultados na tela;

- Sugestão de perguntas que podem ser enviadas para as pessoas que não estão no evento, pedindo uma resposta curta e rápida que pode ajudar a conectar com conceitos que você esteja passando;
- Interação e publicação na rede social própria do evento em tempo real.

Por fim, embora seja tentador ficar repassando o seu script até altas horas da noite, não faça isso. O que você tiver que ter memorizado, já foi internalizado. Seu corpo e sua mente ficarão mais bem preparados para a performance se ganharem uma boa noite de sono e uma alimentação que lhe faça bem.

Networking

A palavra *networking* provoca arrepios em muita gente. Se esse é o seu caso, antes de pular este conteúdo, pedimos que nos dê um crédito: tentaremos fazer com que você mude de ideia. O *networking* malfeito, com seu conceito distorcido, não dá resultado e só prejudica a percepção que as pessoas têm de você. É como a confusão que se faz entre Marca Pessoal e autopromoção.

Se já acredita na importância de cultivar relações profissionais, vamos nos aprofundar neste tema tão relevante para sua carreira. *Networking* não é aceitar convites para encontros enfadonhos e, depois, se sujeitar a *follow ups* inconvenientes de pessoas interessadas em vender algo ou pedir favores. Isso é se relacionar com pessoas interesseiras. *Networking* também não é um ato egoísta: "Como essa pessoa pode me beneficiar?". Se for construído com uma intenção puramente comercial, pode até prejudicar a sua reputação. No livro *Taking the Work Out of Networking - An Introvert's Guide To Making Connections That Count* , a autora Karen Wickre, comunicadora e conectora de pessoas, fez uma enquete para saber o que mais incomodava as pessoas quando percebiam ser alvo de um *networking* interesseiro. A maioria respondeu que, ao fazer esse tipo de conexão, a pessoa tem que forçar uma personagem. Isso, na maioria das vezes, em vez de conectar, acaba "desconectando".*³¹

O verdadeiro e positivo *networking* é sobre construir relações genuínas desinteressadas – porém interessantes – ao longo do tempo. É uma crença autêntica no poder das relações humanas e em tudo de positivo que elas podem trazer para nossa vida.

O psicólogo social e professor de comportamento organizacional de Stanford, Brian Lowery, apresenta uma teoria provocativa e poderosa da Identidade em seu livro *Selfless: The Social Creation of 'You'*, argumentando que somos produtos de nossos relacionamentos, criações sociais daqueles com quem interagimos.**³² Não somos, portanto, ilhas, mas o resultado das muitas mãos que nos tocam. Não existimos apenas em comunidades, somos criados e moldados por elas. Nossos altos e baixos não são apenas nossos, mas também pertencem aos outros. Negócios e oportunidades são consequências dessas relações, acontecendo naturalmente ao longo do tempo.

Em seu livro *Dar e receber,* Adam Grant explica sobre a natureza dessas relações. Segundo Grant, as pessoas se dividem entre doadores, compensadores e tomadores na forma como abordam suas relações e, pasmem, os doadores são aqueles que, ao longo do tempo, obtêm mais sucesso em sua carreira.³³

Quando eu, Susana, participei de um programa sobre Presença Executiva, Influência e Liderança Persuasiva na Wharton School, tive a oportunidade de aprender com o professor Cade Massey sobre

---

* Em livre tradução para o português, *Tornando o networking simples - Um guia do introvertido para fazer conexões importantes.*

** Em livre tradução para o português, *Altruísta: a criação social do "você".*

capital social. Gostei muito desse conceito, uma forma de dizer que cada um de nós, como profissionais, acumula um "capital relacional" ao longo da carreira e isso é, sim, um ativo que pode nos diferenciar de outros profissionais. Pessoas bem conectadas no seu meio, seja dentro das organizações das quais fazem parte, seja dos grupos dos quais participam, associações, geralmente compreendem os grandes movimentos do nicho a que pertencem e sabem o que está por trás de decisões que foram tomadas. Em outras palavras, conseguem enxergar o cenário estratégico de modo mais amplo por estarem inseridas naquele contexto e terem muitas conexões nele. Por exemplo, médicos de uma determinada especialidade se conhecem e se encontram nos corredores de clínicas e hospitais, em congressos... Profissionais de marketing se conhecem dentro das empresas, acumulam ex-colegas, constroem relacionamentos em sua área naturalmente. Essas redes formadas por pessoas que atuam no mesmo contexto são chamadas de redes de *networking* "densas". No geral, não é preciso muito empenho para estar nesse tipo de rede, uma vez que as pessoas que estão nela fazem parte do seu cotidiano e falam a mesma língua.

> **NÃO SOMOS, PORTANTO, ILHAS, MAS O RESULTADO DAS MUITAS MÃOS QUE NOS TOCAM. NÃO EXISTIMOS APENAS EM COMUNIDADES, SOMOS CRIADOS E MOLDADOS POR ELAS."**
>
> Brian Lowery

Além das redes densas, há outro tipo denominado redes de *networking* "dispersas". São aquelas que você forma transitando fora da sua bolha de atuação. Por exemplo: você é um profissional de marketing, mas procura conversar com quem está na área de logística, tem relacionamento com o RH... Pode ser que faça um curso de gastronomia, música ou artes e, dessa forma, amplie ainda mais sua rede de contatos, trocando com pessoas de repertório diverso do seu e que se interessam por outros assuntos. Por virem de contextos diferentes, trazem novas informações e pontos de vista. Portanto, a vantagem de ter uma rede dispersa é tanto o aumento de conexões quanto o de conteúdo. Um estudo realizado por Ronald S. Burt, professor de Sociologia e Estratégia na Escola de Negócios da Universidade de Chicago, mostrou que essas pessoas, por receberem inputs de ambientes diversificados, obtêm mais mobilidade profissional e são mais capazes de trazer inovação para o seu trabalho. Segundo ele: "Uma ideia que é mundana em um grupo pode ser um insight valioso em outro". O professor demonstra que, aos construirmos redes diversificadas, nos tornamos pontes (ou intermediários) entre diferentes grupos sociais ou profissionais, o que faz com que tenhamos mais possibilidades de ter uma boa ideia.[34]

> **" UMA IDEIA QUE É MUNDANA EM UM GRUPO PODE SER UM INSIGHT VALIOSO EM OUTRO."**
> Ron S. Burt

Um ponto importante para o qual o professor Massey chamou em sua aula é de que muitos de nós querem colher os benefícios de uma rede vibrante e ativa, mas não saem de sua zona de conforto. No entanto, se não buscarmos a diversidade de contatos hoje, no presente, não será possível colher os benefícios da rede "dispersa" no futuro. Nossa sugestão, portanto, é começar hoje a ampliar seus relacionamentos.

Ter uma rede poderosa de *networking* requer tempo, energia e dedicação para produzir resultados significativos. Esse é um processo longo. Portanto, quanto antes você começar, mais frutos colherá. Ser estratégico quando o assunto é *networking* não é fazer conexões somente quando você precisa mudar de emprego ou precisa de algo. Procure criar uma rede e o hábito de fazer relacionamentos sem esperar nada em troca. Isso pode incluir compartilhar informações úteis, fornecer *feedback* construtivo, oferecer ajuda ou recursos para a pessoa, ou mesmo estar disponível para ouvir e apoiar as necessidades dos outros. O relacionamento genuíno e desinteressado ao longo do tempo, mas buscando contatos e conversas interessantes é o que costuma dar frutos – quando menos se espera. Confie na lei da reciprocidade e, em algum momento, você será "recompensado". Pode ser que a pessoa com a qual manteve uma relação o indique para um projeto ou faça algum elogio sobre seu trabalho e seu valor que seja determinante para o fechamento de um contrato.

Eu, Giuliana, quando me mudei para Palo Alto, percebi na pele o que é ter que construir uma rede de contatos do zero – e quanto é importante ter o hábito de conectar com as pessoas. Morar aqui me fez aprender muito mais sobre *networking*, porque vivo em um ambiente de inovação, em que a prática sobre a diversidade de pessoas e ideias acontece diariamente. Então as pessoas estão abertas para entender sobre as outras. Quando mando uma mensagem pelo LinkedIn para uma pessoa que não conheço, sugerindo um "café virtual", sem vender nem oferecer nada, só pedindo um tempo para ouvir a experiência dela na área de expertise, por exemplo, dificilmente fico sem resposta. Em 99% das mensagens, consigo agendar uma conversa virtual. Depois desse primeiro contato, procuro manter a minha presença "visível", ao menos nas redes sociais dessas pessoas.

Construir e manter relacionamentos genuínos a longo prazo é uma habilidade e uma tarefa cotidiana que deveria ser ensinada em sala de aula. Rede é sobre relacionamentos e relacionamentos são sobre confiança. Portanto, construa primeiro a confiança e desenvolva seus relacionamentos. Nós, seres sociais, valorizamos isso. Cultive seus relacionamentos e aprenda a cuidar. Deixe uma impressão positiva. A rede de *networking* é um processo contínuo que deve ser tratado com cuidado e que tem muito a agregar em sua Marca Pessoal.

A Giuliana surgiu em minha vida como uma grata surpresa em um momento no qual eu completava uma década de trabalho em meu consultório. Os livros de marketing médico sempre alertavam que esse marco de dez anos seria um ápice, um platô a partir do qual o crescimento seria mínimo, mais próximo de uma progressão aritmética do que geométrica. Sentia uma ânsia dentro de mim para compreender o que eu havia construído até então. Lembro-me de uma frase que ouvi recentemente e que achei extremamente interessante: "Não se pode ler o rótulo quando se está dentro da garrafa". E essa visão eu precisava ter. Eu precisava ter o empoderamento daquilo que eu era e do que eu tinha construído, e isso é muito difícil. Foi nesse momento que entrei em contato com Haruê, uma amiga de infância, colega de escola, que me falou sobre Giuliana. Ela mencionou uma pessoa de confiança que oferecia mentoria em branding. Achei a ideia fascinante, pois era uma amiga e coach me indicando. Entrei em contato inicialmente e tivemos nosso primeiro encontro. Definimos nossas metas e iniciamos a mentoria. Eu esperava por aquele dia da semana, pois os diálogos eram enriquecedores, sempre houve uma troca muito proveitosa. Eu estava aberto a novidades e o aprendizado e as conversas eram extremamente interessantes. Era como ter uma psicóloga ao meu lado. Ao final, posso dizer que o trabalho realizado foi muito bonito. E Muitos amigos que passaram pelo mesmo momento em que eu me encontrava, buscando se reconhecer, lutando contra a síndrome do cachorro vira-lata, encontraram em Giuliana uma indicação valiosa. Indico-a sempre pelo seu profissionalismo, atenção e excelência nos serviços prestados. E da mentoria, ficou um carinho para vida toda, a Giuliana se tornou alguém especial em minha vida, e agradeço profundamente por sua entrega além do esperado, em um mundo onde é raro encontrar profissionais comprometidos que realmente cumprem o que prometem.

Dr. Jefferson Medeiros,
Cirurgião de cabeça e pescoço - Fundador da Clínica Dr. Jefferson Medeiros - Host do Podcast Jeff Podcast, fundador do O Ponto Final, para médicos e Colunista CBN

CAPÍTULO 10

COLOCANDO SUA MARCA PESSOAL EM AÇÃO

Você percorreu até aqui uma jornada intensa e profunda de reflexão sobre si mesmo e como quer que o mundo perceba sua Marca Pessoal. Agora convidamos você para colocar em prática os insights que teve ao longo desse processo – esperamos que tenham sido muitos!

O sucesso dessa jornada agora vai depender de três pilares que consideramos fundamentais, três forças motivadoras que impulsionarão a sua ação. A primeira é a intenção. O ideal é que, a partir de agora, suas atitudes passem a ser permeadas por ela. A todo momento, quando for se comunicar, se relacionar, se apresentar, se vestir, enfim, em toda oportunidade que tiver, aja com intenção e reforce os atributos que quer que estejam vivos na mente das pessoas. Dessa forma, você vai fortalecendo, tijolo a tijolo, os atributos da sua Marca Pessoal para que ela cresça e ganhe robustez.

O segundo pilar é a tangibilização. Sabendo o que você sabe agora, não se canse de se perguntar: "O que eu faria diferente do que venho fazendo até aqui para formar uma percepção sobre minha Marca Pessoal alinhada com meus objetivos?". Para apoiar você nisso, elabore um plano de ação. Para responder a essa pergunta, consolide suas reflexões até aqui – faça ou reavalie os "Exercícios Práticos" que sugerimos em uma lista de ações e sele um compromisso consigo mesmo. Quando saímos do pensamento para a escrita, organizamos melhor aquilo que desejamos fazer.

O plano de ação é como um "mapa do tesouro": é a sequência de passos que você vai dar, colocando sua Estratégia de Comunicação em prática. Enquanto a intenção parecia algo abstrato, agora é a hora de tornar isso algo concreto.

O grande direcionador de um plano é a sua meta (ou o conjunto de metas). Ela é o seu objetivo final – aquilo que você deseja conquistar. A partir daí, devem ser definidas as ações que vai executar. Ayelet Fishbach, professora de Ciência do Comportamento e de Marketing na University of Chicago Booth School of Business, e uma grande estudiosa do tema motivação, explica que metas não podem ser abstratas demais ou fica difícil estabelecer quais são as tarefas que temos que executar para chegar a elas.[35] Por exemplo, se você determinar que deseja "ser um profissional relevante", ficará difícil estabelecer quais são as tarefas que tem que fazer para ser relevante, pois essa é uma palavra que tem muitas interpretações possíveis. Por outro lado, se decidir que, para seus objetivos profissionais, é importante ampliar o seu *networking*, fica mais claro como elaborar uma lista de tarefas. Por exemplo:

- Levantar quais são os principais eventos do meu segmento de atuação para o próximo semestre e me inscrever em pelo menos 3;
- Estabelecer uma meta de contatos para cada um desses eventos;
- Retomar contato com pessoas A, B e C;
- Fazer X conexões novas no LinkedIn por semana.

Para separar bem esses conceitos, Ayelet recomenda fazer dois tipos de pergunta: a pergunta do tipo "por que" ajuda a definir suas metas, e perguntas do tipo "como" ajudam a definir as tarefas.

Um bom formato de plano de ação é o conhecido 5W2H: um conjunto de questões utilizado para elaborar planos de ação de maneira rápida e eficiente. É bastante popular em empresas e, apesar de não ser uma ferramenta nova, é atual e funciona bem para organizar as tarefas que precisamos executar. Ele ajuda a garantir que um projeto seja planejado de maneira clara e completa, definindo cada etapa que precisa ser realizada. Sua combinação de letras foi emprestada do inglês, na seguinte composição:

- **What (o que será feito):** descreve claramente a atividade ou tarefa que deve ser realizada;

- **Why (por que será feito):** define a razão ou justificativa para a realização da tarefa;

- **Who (por quem será feito):** identifica a pessoa ou equipe responsável por realizar a tarefa;

- **When (quando será feito):** define o prazo ou cronograma para a realização da tarefa;

- **Where (onde será feito):** identifica o local onde a tarefa será realizada;

- **How (como será feito):** descreve os métodos e processos que serão usados para realizar a tarefa;

- **How much (quanto custará):** define o custo ou investimento necessário para realizar a tarefa.

Para utilizar o 5W2H, siga os passos acima e verifique se o seu plano de ação ficou claro, completo e consistente.

Se você tende a querer ver uma grande mudança em poucos dias, lembre-se de que trabalhar sua Marca Pessoal não é uma corrida de 100 metros, é mais parecido com correr uma maratona. Leva um tempo até as pessoas perceberem seu posicionamento e você começar a colher os frutos da sua visibilidade. O maior risco que corre ao deixar a ansiedade tomar conta é se frustrar e não continuar. Nossa sugestão: siga seu plano de ação e celebre as pequenas conquistas.

Finalmente, o terceiro pilar para o sucesso da sua Marca Pessoal é a coragem para agir. Coragem para identificar seus valores, coragem para vivenciar esta jornada de descoberta dos seus talentos e objetivos. Coragem para se expressar e se posicionar de maneira clara e coerente. Coragem para se diferenciar e para assumir riscos. Sem coragem, ficamos estagnados, limitados e dependentes dos outros. É como se entregássemos a nossa Marca Pessoal nas "mãos" do outro e deixássemos que o outro interpretasse por si só. Portanto, essa é uma virtude necessária a todos que querem se destacar e alcançar novos voos na vida, pois faz você viver em constante movimento e crescimento. Impulsiona a sair da zona de conforto e enfrentar os desafios e obstáculos que, inevitavelmente, vão surgir. Só com coragem, seremos protagonistas.

Conectar a força de profissionais à marca da qual são parte, em uma empresa forte e estabelecida no mercado de logística internacional como a Craft, pode parecer tarefa simples. Afinal, vivemos de serviços e justamente da qualidade destas pessoas, e a história de sucesso já é prova do que somos capazes.

Mas não.

Conforme navegamos pelas dinâmicas e conversas, percebi a importância do método e da maneira de nos fazer perceber para além de onde estamos e enxergar além do que somos. É um exercício profundo, intenso e surpreendentemente revelador e inspirador. Observar a dança das palavras bem encaixadas e dos insights bem observados a cada amarração, me deu certeza de que estava diante de uma verdadeira arte em reconhecer nosso lugar de potência e direcionar nosso pensamento e voz a isso.

Revelou-se, assim, diante de nós, um universo de possibilidades e potencialidades capaz de gerar justamente aquele senso de direção e brilho no olhar que todo executivo de alto desempenho busca.

Numa jornada de transformação onde nossa maior missão é cultivar a mudança organizacional e o novo crescimento, encontrar o melhor das nossas pessoas, alinhado ao melhor da nossa marca, não só acelerou nosso caminhar, mas permitiu também que nos víssemos ainda capazes de sonhar.

Priscilla Bueno,
CTO - Chief Transformation Officer, Board Member - CRAFT GROUP

CAPÍTULO 11

VIVA EM BETA E FLY

Cerca de sete anos atrás, quando começamos a explorar o conceito de Marca Pessoal, o tema ainda era pouco difundido no Brasil. O assunto nos cativou, pois resumia muitas das experiências que intuitivamente já havíamos vivenciado em nossas carreiras executivas e consultivas. Naquela época, estávamos percebendo um aumento no protagonismo dos indivíduos e na conscientização de nossa capacidade de fornecer valor ao mundo por meio de nossas características únicas. Além disso, a busca pela realização e felicidade no trabalho como nosso verdadeiro eu, sem precisar criar uma persona, estava e continua em ascensão.

Não imaginávamos a dimensão que este trabalho ganharia nem que tantas pessoas se interessariam por aquilo que tínhamos a oferecer. Tem sido gratificante trocar com tantos profissionais, que nos ensinam, ao confiar a nós suas histórias de vida, seus desafios de carreira e suas aspirações.

Este livro não tem a pretensão de ser um guia definitivo sobre o tema da Marca Pessoal, porque esse tema está longe de estar pronto e acabado. Como todo assunto novo, ele traz uma inquietude. Muito ainda há a ser explorado e estamos honradas em fazer parte dessa jornada coletiva, com tantos outros profissionais que têm se dedicado ao assunto.

Marca Pessoal, da forma como trabalhamos, focada na Identidade, parte do princípio de que cada pessoa é única. Em cada jornada que iniciamos, aprendemos algo mais. Nada pode ser mais belo do que essa incompletude: saber que há mais a ser descoberto. Sugerimos que você também veja beleza nessa constante descoberta e não se cobre para definir uma Marca Pessoal imutável e definitiva. Permita-se usar todo o conhecimento para se colocar em ação e dançar seus ciclos com consciência, se reinventando sempre que a vida desafiar ou apresentar novas possibilidades.

A BetaFly nasceu da nossa crença de que todo ser humano está continuamente "em Beta". "Versão Beta" é um termo usado na área de tecnologia para indicar uma versão preliminar de um software que ainda está em desenvolvimento, mas já está em um estágio suficiente para ser colocado no mercado, mesmo que ainda precise de alguns ajustes. Esses acertos vão acontecendo à medida que os usuários utilizam o *software* e apontam melhorias. Acreditamos que o "viver em Beta" é uma ótima forma de encarar a vida, pois indica que estamos em constante evolução. O Método FLY® é a forma como nós duas, Giuliana e Susana, conseguimos colocar o nosso propósito em ação unindo nossos talentos individuais. Esse método tem começo, meio e fim – mas a sua Marca Pessoal não. Ela segue se renovando, em constante "beta". Então, revisite sempre as etapas da sua jornada. Como disse Adam Grant, que já mencionamos diversas vezes neste livro, *"It takes confident humility to admit that we are work in progress"*. É preciso ter humildade para assumir que estamos em evolução contínua.

O conceito de "viver em FLY", que significa voar em inglês, também é muito simbólico, pois indica coragem e determinação para alcançar voos que nem sempre imaginamos que poderíamos conquistar em nossas vidas. Estamos movendo em direção aos nossos objetivos e dispostos a assumir riscos, enfrentando os desafios necessários. O importante é estarmos dispostos a ajustar a rota em voo, pois é somente em movimento que conseguimos perceber os ajustes necessários para chegar ao objetivo final.

O conceito da marca "BetaFly" que une o viver em "beta" e "voar" representa o que o Método FLY® pode entregar de mais valioso para cada pessoa que tem a oportunidade de vivenciar essa experiência conosco. "BetaFly" tem uma similaridade sonora com a palavra *"butterfly"*, em inglês, borboleta, que evoca a imagem da transformação e a metamorfose da lagarta. Essa é uma linda metáfora que gostamos de associar ao nosso Método FLY®, pois assim como a lagarta passa pelo processo de transformação para se tornar uma borboleta, nós também passamos por diferentes fases em nossa vida e podemos emergir e trazer para a superfície, para o nosso consciente, aquilo que temos de mais valioso para podermos nos transformar na nossa melhor versão, naquilo que viemos para ser de maneira única e singular. Essa busca levará você a expandir sua consciência e expandir também para as pessoas com as quais se relaciona. Se coloque em movimento, se permita fluir com a vida e ser quem você nasceu para ser.

Viva em Beta, e Fly.

O QUE DIZEM NOSSOS PARCEIROS

Dedico este texto à Susana Arbex, da BetaFly, uma profissional incrível e uma pessoa admirável. Sua habilidade em equilibrar uma vida profissional vibrante e ser uma mãe dedicada é inspiradora. Além disso, ela é aberta a opiniões e sugestões e possui um senso de amizade incrível.

Nesta era em que as redes sociais se tornam uma mola propulsora na valorização de uma carreira executiva, o fortalecimento do *personal branding* torna-se cada vez mais importante. E é aí que a Susana brilha. Sua busca por conhecimento em pós-graduações e cursos no exterior trouxe uma experiência valiosa para o método BetaFly, que transforma nomes em poderosas marcas, refletindo profundamente sobre carreira e propósitos.

Recomendo fortemente o trabalho da dupla Susana Arbex e Giuliana Tranquilini, que têm alavancado a imagem de executivos no Brasil e no exterior. Sua trajetória internacional é impressionante e seu trabalho é altamente recomendado.

Susana, sua trajetória e habilidades são verdadeiramente inspiradoras. Agradeço por sua dedicação e por ser uma fonte de inspiração para tantas pessoas. Desejo-lhe sucesso contínuo em sua jornada profissional e pessoal.

Adriano Bravo
Fundador & CEO - Petra Group

Susana, vou falar sobre duas perspectivas, uma da minha perspectiva como coordenadora da pós, o que significou essa disciplina dentro desse curso; e a outra visão dos *feedbacks* que eu tive dos alunos.

O que eu achei muito rico: o curso de *Personal Branding*, que entrou no final da pós-graduação de *Branding*, então é uma "meta-aula", é um convite para se olharem e se entenderem ao final do curso. Foi muito interessante essa sua construção, com a sensibilidade e do entendimento da diferença que é de você, como profissional, olhar e desenvolver um projeto de uma marca, de uma empresa e de uma pessoa. É um desenvolvimento socioemocional entender os pontos de tensão e de fazer essa condução de forma gentil e que potencializa.

As pessoas saem do seu curso com uma organização maior como Marca Pessoal – delas mesmas – , e ao mesmo tempo elas reforçam essa sensibilidade e essa necessidade de empatia, de escutar as outras pessoas, que a sua disciplina impõe de forma tão evidente e natural.

Sobre o *feedback* dos alunos, eles falam que sua aula "parece uma um balão de oxigênio". É uma apropriação de um conhecimento que foi construído ali muito grande. O processo não é necessariamente fácil, mas sempre muito rico e da sua condução ser muito delicada as pessoas falam de você assim com muito carinho, é um momento em que as pessoas abraçam as suas próprias vulnerabilidades e saem dali mais amorosas. Então, o que mudou na forma de se expressar: elas saem do curso mais seguras.

Ana Cotta
Coordenadora da Pós-Graduação de Branding - IED Rio

Nosso relacionamento começou em 2018 quando recebi um contato da Giuliana (ainda no Brasil), fase em que ela estava transacionando do corporativo para a entrada efetiva no mundo do *Branding* Pessoal e também do Brasil para os EUA. A conexão foi imediata, falou sobre sua jornada junto a grandes marcas e empresas brasileiras com *Branding* e que tinha o interesse em trabalhar com *Personal Branding* e me procurou para conduzir o seu processo.

Ela deixou claro desde o início seu interesse de atuar na área do PB e questionou se não haveria problema (acredito que pensou, na época, em conflito de interesses), sua autenticidade e honestidade sempre foram cativantes, e claro que fiz esta jornada com ela, com base em nossa metodologia MétodoYOU®, com muita alegria, temos alunos e clientes dos EUA ao Japão, e um de nossos pilares é apoiar e preparar profissionais que queiram atuar com *Personal Branding* globalmente.

Passados alguns anos e acompanhando seu trabalho a convidei para palestrar também no PBEX Experience® em 2022, evento referência internacional em *Personal Branding*, juntando-se a diversos experts pelo mundo que atuam com gestão de marcas pessoais. Sua dedicação e trabalho vem a consolidando cada vez mais no mercado que é sem fronteiras, do Vale do Silício para o mundo, a missão de todos nós que fazemos parte deste universo é imensa, e a BetaFly faz parte da construção desta narrativa.

Um orgulho ver sua jornada e certa de que há muito mais pela frente.

Desejo muito sucesso, impacto e propósito hoje e sempre no universo do *Personal Branding*.

Daniela Viek
Sócia-Fundadora - Youbrand.Company. Especialista Internacional em Personal Branding

Em um mundo interconectado, é muito importante a forma como os profissionais se posicionam frente ao mercado, especialmente na seara digital. Em uma de minhas aulas de MBA, eu tive a honra de receber a Susana Arbex, da BetaFly, como palestrante, ela apresentou seu Método FLY® e falou aos executivos sobre a importância de desenvolver sua Marca Pessoal visando ao posicionamento e à visibilidade não somente no on-line, mas também na vida profissional como um todo. Os alunos não somente puderam ganhar no tema Marca Pessoal, como também fizeram a conexão com a estratégia de marca de empresas. Foi uma grande contribuição para todos.

Farah Diba Braga
Ph.D. e Professora de Marketing - Insper

Acompanhando como parceira, percebo a maturidade que o método alcançou ao mesmo tempo em que se mantém evoluindo e aportando novos conhecimentos. É gratificante assistir à transformação dos clientes, não por se adequarem a um padrão predeterminado, mas por se apropriarem de quem já são. E este é um aspecto incrível do método, ser totalmente embasado na valorização da autenticidade. Olhar os objetivos futuros e destacar as fortalezas que todos nós temos, cada um as suas, e que, quando divulgadas adequada e intencionalmente, se tornam capazes de acelerar e abrir novos espaços para os caminhos que desejamos trilhar.

Flávia Lima
Coach de carreira para Mulheres e Trainer em Competências Comportamentais

Tive a oportunidade de conhecer Giuliana durante o *workshop* que ensino em Stanford (Continuing Studies), instituição em que atuo há mais de 17 anos, nesta ocasião, o tema do *workshop* foi Comunicação Não Verbal.

Vivemos em uma sociedade altamente conectada, onde a imagem que projetamos e a forma como nos comunicamos desempenham um papel fundamental no sucesso pessoal e profissional. A Marca Pessoal é a essência de quem somos e o que representamos. Ela nos diferencia em um mundo cada vez mais competitivo, permitindo que sejamos reconhecidos e valorizados por nossas habilidades, expertise e autenticidade.

A comunicação não verbal, por sua vez, é uma ferramenta poderosa que complementa nossa expressão verbal e transmite mensagens sutis e impactantes que podem reforçar ou debilitar a mensagem verbal. Gestos, postura, expressões faciais e até mesmo o uso do espaço ao nosso redor podem influenciar significativamente a forma como somos percebidos pelos outros. Dominar essa linguagem silenciosa nos permite transmitir confiança, credibilidade e competência, estabelecendo uma conexão mais forte com nosso público-alvo.

Giuliana, como especialista em Marca Pessoal, está sempre em busca de novos conhecimentos para ampliar seu repertório neste tema e comunicação não verbal é fundamental para expressão de qualquer Marca Pessoal. Boa sorte e muito sucesso no seu livro e que você continue impactando muitos clientes com seu trabalho!

Jeff Cabili
Instructor - Stanford Continuing Studies

Vi a BetaFly nascer e sou fã do trabalho inovador liderado pela Susana e a Giuliana. Com muito conhecimento, experiência, competência e originalidade, elas criaram o Método FLY®, que nos permite embarcar numa jornada monitorada de profundo autoconhecimento, quebra de paradigmas e crenças limitantes. Com elas, aprendi a trazer consciência, intencionalidade, planejamento e disciplina para algo que eu sempre fiz de maneira intuitiva: a construção da minha Marca Pessoal, meu maior ativo.

Também aprendi que estou sempre em versão beta e que preciso me fazer recorrentemente algumas perguntas: o que eu ainda não mostrei para o mundo? O que está me impedindo de trabalhar minha Marca Pessoal? Qual é minha proposta única de valor? Que problema eu resolvo? Marca Pessoal é sobre conexão e confiança. Ao colocar nossa marca em ação, contamos para o mundo, de maneira corajosa e autêntica, como geramos valor a partir da nossa identidade. E esse é um processo absolutamente único, pessoal e intransferível.

Neivia Justa
Jornalista e líder ativista corporativa - fundadora da #JustaCausa

---

Falar sobre a importância do *Personal Branding* no desenvolvimento da carreira médica é mais que uma necessidade, torna-se uma visão estratégica. É o ponto de partida para a construção sólida e assertiva de uma carreira. Em minha experiência, indicando o trabalho da Giu para médicos, posso dizer que os resultados foram incríveis. Pude vivenciar verdadeiras transformações da autopercepção e valorização dos diferenciais encontrados dentro de cada profissional, o que resultou no melhor posicionamento e definição de seu público-alvo real.

Parabéns, Giu, por viver a sua missão de ajudar tantas pessoas a encontrarem seu lugar no mundo, com leveza e clareza.

Silvane Castro
CEO - Seven Gestão Consultoria

REFERÊNCIAS

1. CAIN, Susan. *O poder dos quietos: como os tímidos e introvertidos podem mudar um mundo que não para de falar.* Tradução: Ana Carolina Bento Ribeiro. Rio de Janeiro: HarperCollins Brasil, 2017.

2. MERZENICH, Michael, Ph.D. *Soft-Wired: How the New Science of Brain Plasticity Can Change Your Life.* Parnassus, 2013.

3. KAPFERER, Jean-Noel. *The New Strategic Brand Management: Creating and Sustaining Brand Equity Long Term.* 4th edition. Kogan Page, 2008.

4. RIES, Al; TROUT, Jack. *Positioning: The Battle for Your Mind: How to Be Seen and Heard in the Overcrowded Marketplace.* McGraw-Hill Companies, 2001.

5. PETERS, Tom. The Brand Called You. *Revista Fast Company.* Out. 1997.

6. PETERS, Tom. *The Brand You 50 (Reinventing Work): Fifty Ways to Transform Yourself from an "Employee" into a Brand That Shouts Distinction, Commitment, and Passion!* (Reinventing Work Series). Knopf, 1999.

7. GOLEMAN, Daniel. *Inteligência emocional: a teoria revolucionária que redefine o que é ser inteligente.* Rio de Janeiro: Objetiva, 1996.

8. SIMON, Carmen. *Impossible to Ignore: How to Influence Your Audience's Memory and Spark Action Using Brain Science.* Nova York: Mcgaw Hill Education, 2016.

9. DURKHEIM, Émile. *Da divisão do trabalho social.* São Paulo: Martins Fontes, 1999.

10. KAUFMANN, Jean-Claude. *A invenção de si: uma teoria da identidade.* Lisboa: Instituto Piaget, 2004.

11. GIDDENS, Anthony. *Modernidade e identidade.* Rio de Janeiro: Zahar, 2002.

12. ZANATTA, Mariana Scussel. *Nas teias da identidade.* Disponível em: https://www.uricer.edu.br/site/pdfs/perspectiva/132_232.pdf. Acesso em: 16 ago. 2023.

13. MARTINO, Luis Mauro de Sá. *Teoria da comunicação: ideias, conceitos e métodos.* Rio de Janeiro: Vozes, 2014.

14. DUBAR, Claude. *A socialização: construção das identidades sociais e profissionais.* Tradução: Andréa S. M. Silva. São Paulo: Martins Fontes, 2020.

15. SAINT-EXUPÉRY, Antoine de. *O pequeno príncipe*. 1. ed. Belo Horizonte: Garnier, 2022.

16. DNA structure and function. *Khan Academy*. Disponível em: https://www.khanacademy.org/test-prep/mcat/biomolecules/dna/a/dna-structure-and-function. Acesso em: 20 jun. 2023.

17. CLIFTON, Donald O., Ph.D. *Descubra seus pontos fortes*. 1. ed. São Paulo: Sextante, 2019.

18. GALLOWAY, Scott. The Algebra of Wealth. *Profgalloway.com*, 2022. Disponível em: https://www.profgalloway.com/the-algebra-of-wealth-2/. Acesso em: 20 jun. 2023.

19. CLIFTONSTRENGTHS. Disponível em: https://www.gallup.com/Cliftonstrengths/Pt/Home.aspx. Acesso em: 20 jun. 2023.

20. ROBBINS, Tony. Disponível em: https://www.tonyrobbins.com/.

21. DE SMET, Aron; DOWLING, Bonnie; HANCOCK, Bryan; SCHANINGER, Bill. The Great Attrition is Making Hiring Harder. Are You Searching the Right Talent Pools? *McKinsey & Company*, 13 de julho de 2022. Disponível em: https://www.mckinsey.com/capabilities/people-and-organizational-performance/our-insights/the-great-attrition-is-making-hiring-harder-are-you-searching-the-right-talent-pools. Acesso em: 20 jun. 2023.

22. CSIKSZENTMIHALYI, Mihaly. *Flow: The Psychology of Optimal Experience.* Harper Collins Publishers, 2008.

23. CIALDINI, Robert, Ph.D. *As armas da persuasão 2.0: edição revista e ampliada.* Rio de Janeiro: HarperCollins Brasil, 2021.

24. CARVALHO, Maytê. *Persuasão: como usar a retórica e a comunicação persuasiva na sua vida pessoal e profissional.* Buzz Editora, 2020. 152 p.

25. CAMPBELL, Joseph. *O herói de mil faces.* São Paulo: Pensamento, 1989.

26. REA, Shilo. Carnegie Mellon Brain Imaging Research Shows How Unconscious Processing Improves Decision-Making, *Carnegie Mellon University*, 13 de fevereiro de 2013. Disponível em: https://www.cmu.edu/news/stories/archives/2013/february/feb13_unconsciousthought.html. Acesso em: 20 jun. 2023.

27. CLEAR, James. *Hábitos atômicos: um método fácil e comprovado de criar bons hábitos e se livrar dos maus.* Rio de Janeiro: Alta Life, 2019.

28. MONARTH, Harrison. *Executive Presence, Second Edition: The Art of Commanding Respect Like a CEO.* McGraw-Hill Companies, 2019.

29. MEHRABIAN, Albert. *Silent Messages: Implicit Communication of Emotions and Attitudes.* Wadsworth Publishing Company, 1972.

30. MAYEW, William J.; PARSONS, Christopher A.; VENKATACHALAM, Mohan. Voice Pitch and the Labor Market Success of Male Chief Executive Officers, *Elsevier Science Direct*. Disponível em: <https://www.sciencedirect.com/science/article/abs/pii/S1090513813000238>. Acesso em: 20 de jun. de 2023.

31. WICKRE, Karen. *Taking the Work Out of Networking: An Introvert's Guide to Making Connections That Count*. Gallery Books, 2018.

32. LOWERY, Brian. *Selfless: The Social Creation of "You"*. Harper, 2023.

33. GRANT, Adam. *Dar e receber: uma abordagem revolucionária sobre sucesso, generosidade e influência*. Rio de Janeiro: Sextante, 2014.

34. BURT, Ronald Stuart. Structural Holes and Good Ideas, The University of Chicago Press, *American Journal of Sociology*, Vol. 110, No. 2 (September 2004), pp. 349-399, 11 de junho, 2013. Disponível em: https://www.bebr.ufl.edu/sites/default/files/Burt%20-%202004%20-%20Structural%20Holes%20and%20Good%20Ideas.pdf. Acesso em: 20 jun. 2023.

35. FISHBACH, Ayelet. *Get It Done: Surprising Lessons from the Science of Motivation*. Little Brown Spark, 2022.